EL MISTERIO REVELADO:
Los rollos del Mar Muerto y la comunidad de Qumrán

Samuel Pagán

EL MISTERIO REVELADO:
Los rollos del Mar Muerto y la comunidad de Qumrán

Derechos de autor © 2001 por Abingdon Press

Todos los derechos reservados.

Se prohibe la reproducción o transmisión de cualquier parte de este libro, sea de manera electrónica, mecánica, fotostática, por grabación o en sistema para el almacenaje y recuperación de información. Solamente se permitirá de acuerdo a las especificaciones de la ley de derechos de autor de 1976 o con permiso escrito del publicador. Solicitudes de permisos se deben pedir por escrito a: Abingdon Press, P.O. Box 801, 201 Eighth Ave. South, Nashville, TN 37202-0801.

Este libro fue impreso en papel sin ácido.

Library of Congress Cataloging-in-Publication Data

Pagán, Samuel.
  El misterio revelado : los Rollos del Mar Muerto y la comunidad de Qumrán / Samuel Pagán.
    p. cm.
  Includes bibliographical references.
  ISBN 0-687-05197-5
  1. Dead Sea scrolls—Criticism, interpretation, etc. 2. Qumrán community. 3. Dead Sea scrolls—Theology. 4. Dead Sea scrolls—Relation to the New Testament. I. Title.
  BM487 .P26 2001
  296.1'55—dc21

2001007468

A menos que se indique de otra manera, las citas bíblicas de este libro son tomadas de la *Santa Biblia: Reina-Valera, Revisión de 1995, Edición de Estudio*; derechos de autor © 1995 Sociedades Bíblicas Unidas. Usado con permiso. Todos los derechos reservados.

Portada / Diseño tipográfico: Luis Bravo / Bravo GD, Corp.
Impresión y distribución: Abingdon Press

Seminario Evangélico de Puerto Rico
Fundación Puerto Rico Evangélico
776 Ponce de León
San Juan, P.R. 00925
Tel. (787) 763-6700 / Fax: (787) 751-0847

01 02 03 04 05 06 07 08 09 10 — 10 9 8 7 6 5 4 3 2 1

PUBLICADO EN LOS ESTADOS UNIDOS DE NORTEAMÉRICA

PRÓLOGO

Cuando se pasa revista a la historia de la educación teológica protestante en América Latina, durante los últimos cien años, puede observarse un proceso a veces lento y gradual pero irreversible de criollización de las distintas cátedras. Sin duda alguna, la cátedra teológica que más tiempo ha perdurado en manos extranjeras, europeas y norteamericanas, ha sido la relativa al Antiguo Testamento.

El estudio del Antiguo Testamento presenta unos desafíos académicos y lingüísticos que las jóvenes iglesias evangélicas latinoamericanas a duras penas estaban capacitadas para enfrentar, mucho menos resolver. Exige el dominio cabal del hebreo clásico y la capacidad de distinguir entre sus distintas variantes, un conocimiento al menos funcional de los idiomas vecinos y emparentados, la facultad para leer el griego, por la importancia de la **Septuaginta**, además del estudio erudito—histórico, social y cultural—de épocas extensas y complejas, al margen en ocasiones de la historiografía grecolatina.

Para jóvenes con intereses teológicos, la ausencia de una sofisticada tradición intelectual familiar y eclesiástica y la relativa escasez de bibliotecas casi excluían de inicio el considerar hacer estudios graduados en Antiguo Testamento. Es ciertamente un reflejo de madurez en la educación teológica protestante en un país latinoamericano, cuando uno de sus hijos o hijas asume la cátedra de teología veterotestamentaria.

He esbozado brevemente este fenómeno particular de la educación teológica latinoamericana como trasfondo para resaltar la importancia que tiene el más reciente libro de Samuel Pagán, el primer erudito puertorriqueño en el estudio académico del Antiguo Testamento de prestigio continental. Su estudio sobre los manuscritos del Mar Muerto y la comunidad religiosa hebrea de los esenios —**El misterio revelado: Los rollos del Mar Muerto y la comunidad de**

EL MISTERIO REVELADO

Qumrán—es una magnífica contribución a los estudios bíblicos iberoamericanos.

La disertación doctoral de Samuel Pagán, **From Crisis to Hope: Study of the Origin of Apocalyptic Literature,** aceptada por el prestigioso Jewish Theological Seminary, de Nueva York, en 1988, abrió un sendero inédito en nuestras letras teológicas. Su autor ha sido profesor en varias instituciones teológicas en América Latina y en las comunidades hispanas estadounidenses, y ha dirigido las traducciones de la Biblia para los idiomas que se hablan y leen en este vasto hemisferio. Ha escrito y publicado una impresionante cantidad de ensayos, artículos y libros, en español e inglés, además de coordinar la edición de revistas y antologías.

El verano de 1995, asumió la presidencia del Seminario Evangélico de Puerto Rico. Desde entonces ha publicado ¡siete libros!; a saber, **Palabra viva: entorno histórico literario y teológico del Antiguo Testamento** (1995), **En torno a don Quijote y la teología** (1996), **Yo sé quien soy: don Quijote para creyentes, soñadores y visionarios** (1997), **La visión de Isaías** (1997), **El tiempo está cerca: una lectura pastoral del Apocalipsis** (1999), **Experimentado en quebrantos: Estudio en los Cánticos del Siervo del Señor** (2000) y **Tres meses en la escuela de Isaías** (2000). Como si eso fuese poco, redacta innumerables ensayos que andan regados por diversas revistas y antologías de Puerto Rico, América Latina y los Estados Unidos. Escribe regularmente una columna muy comentada en el periódico **El Nuevo Día**. Dicta conferencias y predica sermones con la facilidad con la que Michael Jordan encestaba canastos. Edita **Presencia,** que recoge y resume la perdida tradición de una revista que vincule en una expresión literaria común la rica polifonía de las iglesias evangélicas puertorriqueñas.

Samuel Pagán ha combinado, por consiguiente, las arduas responsabilidades administrativas de la presidencia del Seminario Evangélico de Puerto Rico, con una producción literaria inigualable. Su ejemplo promueve que ese centro de educación teológica, que por décadas se ha distinguido por la docencia excelente, se honre también por la investigación y la publicación.

De todos los libros de Samuel Pagán, en mi opinión, **El misterio revelado** es el que presenta los desafíos mayores de rigurosidad académica. Pocos temas agitaron tanto los estudios bíblicos durante la segunda mitad del siglo veinte como el hallazgo, entre 1947 y 1956, de una cantidad considerable de manuscritos que parecían proceder de una antigua secta judía importante pero relativamente desconocida—los esenios. Se les consideró cruciales para descifrar enigmas del período intertestamentario y quizá también para entender el significado de la vida y obra de Jesús de Nazaret. Las

PRÓLOGO

publicaciones más eruditas le prestaron inmediata atención, pero también los principales periódicos de consumo general dieron curso a sensacionales especulaciones sobre ellos. A medio siglo de las primeras revelaciones, ya puede calibrarse con sobriedad la importancia de esos manuscritos para identificar mejor las versiones originales de algunos textos de la Biblia hebrea, para entender con mayor precisión los conflictos al interior de las comunidades judías en el período helenístico y para ubicar más adecuadamente al cristianismo naciente en el contexto laberíntico de las múltiples manifestaciones religiosas de la época. Eso justamente es lo que, en castellano, aporta este libro de Samuel Pagán.

Confieso mi admiración por la maestría conque Pagán describe, en palabras claras y sencillas en el texto, con referencias técnicas y eruditas en las notas (cuya lectura no debe obviarse: constituyen una mina de información para todo lector serio o lectora seria), la historia de los descubrimientos de los manuscritos, sus concepciones teológicas y sus implicaciones para la vida y la fe de las iglesias cristianas. Una vez más, como nos tiene acostumbrados, une el estudio académico serio y profundo con la exposición diáfana y transparente.

¡Mis felicitaciones!
Luis N. Rivera Pagán

DEDICATORIA

A todas las personas que han visitado las ruinas de Qumrán con interés académico o en peregrinares espirituales, y a las que particularmente se han interesado en estudiar los rollos descubiertos en las cuevas del Mar Muerto.

A los peregrinos y las peregrinas que han visitado estos lugares de importancia teológica y espiritual conmigo a través de los años.

Y a Nohemí, compañera inseparable de aventuras académicas y espirituales.

ÍNDICE

Prólogo   3

Dedicatoria   7

Prefacio   13
- Descubrimientos extraordinarios   15
- El misterio revelado   17
- Agradecimientos necesarios   19

Capítulo 1: Los descubrimientos: cuevas, ruinas y manuscritos   23
- Historia de los descubrimientos   25
- Publicación de los manuscritos   30
- Las ruinas de Qumrán   31
- Identificación de los habitantes   35
- Ofensas y castigos   37

Capítulo 2: El Maestro de Justicia y el origen de la secta esenia   45
- Antecedentes históricos   47
- La rebelión macabea   51
- El Maestro de Justicia como sumo sacerdote   53
- Origen de los esenios   54
- Fundación y vida de la comunidad esenia del Mar Muerto   56

Capítulo 3: Dios en Qumrán 61
- Fundamentos teológicos 63
- El Dios trascendente 64
- El Dios creador 66
- El Dios de la historia 70

Capítulo 4: Dualismo y escatología en Qumrán 75
- Dualismo 77
- Los ángeles 84
- Los demonios 86
- El Espíritu Santo 87
- Escatología 89
- Mesianismo 92

Capítulo 5: Rollos, manuscritos y fragmentos 99
- Manuscritos descubiertos 101
- Textos bíblicos 102
- Textos apócrifos o deuterocanónicos 104
- Textos pseudoepigráficos 105
- Otros textos sectarios 109

Capítulo 6: Las mujeres en el Mar Muerto 123
- ¡Celibato en las cuevas! 125
- Mujeres en los manuscritos 128
- La mujer en la poesía 129

Capítulo 7: Los manuscritos y las traducciones 137
- Transmisión de los manuscritos 139
- Cambios en las traducciones de la Biblia Hebrea 141
- Un caso extraordinario: 1 Samuel 10.27–11.1 143

ÍNDICE

Capítulo 8: La iglesia lee los manuscritos   147
- Enseñanzas de los manuscritos   149
- Relaciones lingüísticas y textuales   151
- Juan el Bautista   154
- Melquisedek   156
- Jesús de Nazaret   157
- Prácticas en común   159
- Escatología   162

Capítulo 9: Bibliografía selecta   171
- Obras de referencia   173
- Ediciones de los manuscritos   173
- Bibliografías especializadas de los manuscritos publicados   173
- Introducción al estudio de la secta y de los manuscritos   174
- Qumrán y el Nuevo Testamento   174
- Traducciones de los manuscritos al castellano   175
- Catálogo, nomenclatura e identificación de los manuscritos publicados   175

Prefacio

Yo digo a Dios: ¡Tú eres mi justicia!
Al Altísimo: ¡Autor de mi bien!,
manantial de ciencia, fuente de santidad,
altura de gloria, omnipotencia de eterno esplendor.
1QS x.13

PREFACIO

Descubrimientos extraordinarios

El año 1947 fue testigo de una serie de descubrimientos arqueológicos de gran significación académica para la comunidad estudiosa de las Sagradas Escrituras, y de particular importancia espiritual para las personas interesadas en temas bíblicos, teológicos y religiosos. Tanto en revistas profesionales y especializadas como en periódicos y publicaciones sensacionalistas, la presentación de temas relacionados con los noveles «descubrimientos del Mar Muerto» llamaban la atención. En instituciones teológicas y universitarias, los anfiteatros y salones de clases se llenaban para escuchar conferencias, talleres, seminarios y diálogos sobre los extraordinarios y prometedores «rollos de Qumrán».

En esos entornos de investigación religiosa, teológica y académica, se articulaban las más interesantes teorías históricas, literarias y sociológicas, para explicar la procedencia de los hallazgos, y para ponderar y descubrir la relevancia de los descubrimientos para la iglesia cristiana y la sinagoga, y particularmente para los estudios bíblicos.

El resultado de las investigaciones sistemáticas, el producto del análisis sosegado y la evaluación de las publicaciones sobrias claramente pusieron de manifiesto que los manuscritos descubiertos en la cuevas y los materiales procedentes de las ruinas, en efecto, posiblemente eran parte de uno de los hallazgos arqueológicos más importantes de la historia de la iglesia.[1] La contribución de esos descubrimientos a la comprensión teológica e histórica de la vida y la sociedad palestina durante los años que vieron nacer la iglesia cristiana es extraordinaria y fundamental; y es impostergable y requerido el estudio de estos manuscritos para entender mejor el ministerio profético de Jesús de Nazaret, la labor misionera de Juan el Bautista y la tarea educativa de Pablo de Tarso. Además, entre los rollos descubiertos en Qumrán se han identificado una serie de manuscritos bíblicos que anteceden por siglos los documentos escriturales que sirvieron de base a nuestras traducciones de la Biblia.

Los famosos descubrimientos de los manuscritos se llevaron a efecto en varias cuevas que están ubicadas en las montañas del desierto de Judea al noroeste del Mar Muerto,[2] en una región conocida como Qumrán, cercana a la antigua ciudad de Jericó, que por siglos se ha relacionado con hallazgos de manuscritos importantes.[3] Específicamente, las ruinas de Qumrán están ubicadas como a 12 kilómetros al sur de Jericó y alrededor de 32 kilómetros al norte del oasis de En Gedi.

El nombre Qumrán[4] posiblemente significa «colina de la luna», en alusión al brillo y al color rojizo de la región, vista desde el Mar Muerto; aunque también puede referirse a «colina jorobada», en relación a la topografía accidentada del lugar.[5]

A través de la historia, han sido varios los informes de descubrimientos de manuscritos en las cercanías del Mar Muerto. Orígenes, el famoso erudito cristiano interesado en los asuntos textuales de la Biblia (185–254 d.C), en su publicación de la Hexapla—que consistía de una edición de seis versiones de la Biblia, dispuestas en paralelos—incluyó en la sexta columna un texto griego de los Salmos que se encontró en una vasija en las cercanías de Jericó. Posteriormente, el historiador eclesiástico Eusebio,[6] al referirse a esa versión de los Salmos utilizada por Orígenes, indica que fue parte de una serie de manuscritos griegos y hebreos que se encontraron durante la incumbencia del emperador romano Caracalla (que reinó del 211–217 d.C.). Más tarde en la historia, por el año 800 d.C., Timoteo I (727–819 d.C), el Patriarca nestoriano de Seleucia, le escribió a Sergio, Metropolitano de Elam, para informarle oficialmente de una serie de manuscritos que habían sido descubiertos en unas cuevas cercanas a Jericó.[7]

Como resultado de los descubrimientos en los alrededores de las ruinas de Qumrán[8] en el 1947, durante los años 1951 y 1956 se llevaron a efecto varios programas arqueológicos oficiales de importancia en la región, y se descubrieron once cuevas que contenían gran variedad de materiales:[9] p.e., manuscritos, fragmentos de manuscritos, vasijas, jarras, monedas, cementerios y rollos. Mientras los arqueólogos profesionales, con sus metodologías y equipos, descubrieron seis de las cuevas (identificadas numéricamente como tres, cinco, siete, ocho, nueve y diez), los beduinos fueron más afortunados y llegaron primero a las cuevas de mayor importancia y con un número considerable de manuscritos (las que se han denominado como uno, dos, cuatro, seis y once).

El misterio revelado

Respecto a los esenios, el famoso historiador judío, Josefo, indica lo siguiente: «A los que aspiran a entrar en la secta, no los admiten inmediatamente, sino que les prescriben su modo de vida durante un año.... Cuando el candidato ha dado pruebas de su continencia durante este tiempo, lo dejan asociar más a su modo de vida y participar de las aguas de la purificación.... Y antes que puedan tocar la comida común, deben pronunciar severos juramentos de que, ante todo, honrarán a Dios, y después que serán justos...; que amarán la verdad y reprobarán a los mendaces; que no mancillarán sus manos con el robo, ni su alma con ilícitos provechos; y que no ocultarán nada a los miembros de la secta, ni revelarán nada de los asuntos a los demás, aunque los amenacen de muerte».[10]

La descripción de la comunidad esenia que presenta Josefo (37-199 d.C.), indica que las personas que eran aceptadas como miembros de la secta, y que posteriormente eran iniciadas en el grupo, hacían una serie importante, compleja e insustituible de juramentos y compromisos. Prometían solemnemente que no ocultarían ningún secreto personal a los miembros de la secta y que guardarían fielmente los asuntos íntimos del grupo, aunque fueran amenazados de muerte. Debían, en efecto, asegurar que no revelarían la naturaleza y extensión de los asuntos internos, que eran patrimonio único de la comunidad.

Esos «asuntos internos o misterios secretos de la secta» posiblemente se relacionan con las prácticas, posesiones, enseñanzas y doctrinas que la comunidad esenia vivía y guardaba con gran celo y dignidad.

Luego de los descubrimientos en las cercanías de Qumrán, y gracias a la edición, publicación y estudio sistemático e intenso de los manuscritos del Mar Muerto, las iglesias, los creyentes, la comunidad en general y los académicos están en posición de analizar ponderadamente el material para «descubrir los misterios» esenios y «descifrar» los códigos teológicos y espirituales, que nos permiten comprender mejor la vida y las prácticas, la teología y la cosmovisión, y las esperanzas y las preocupaciones de la comunidad que vivió en esa región del Mediano Oriente a comienzos de la era cristiana.

En este nuevo libro sobre los rollos del Mar Muerto, *El misterio revelado*, el lector o la lectora tendrá la oportunidad de analizar la historia de los descubrimientos—con sus extraordinarias intrigas, conflictos, ventas, sorpresas y negociaciones—y podrá también ponderar sobriamente el interesante y revelador peregrinar histórico, político, social, espiritual y teológico de la comunidad qumramita. En esta obra se intenta específicamente lo siguiente: estudiar la historia, las teologías e ideas religiosas que se ponen de manifiesto en los manuscritos descubiertos; meditar en torno a la importancia de las enseñanzas que se incluyen o mencionan en los escritos; evaluar la pertinencia de los manuscritos para la traducción y la comprensión de la Biblia; sopesar las implicaciones de los manuscritos para la comprensión del Nuevo Testamento; y reflexionar sobre las implicaciones de estos escritos para la sociedad hispanoamericana que inicia el siglo veintiuno.

El misterio revelado tiene dos propósitos básicos: en primer lugar, desea introducir el extraordinario y maravilloso tema de los descubrimientos del Mar Muerto a la comunidad laica no iniciada en el estudio sistemático, científico y especializado de los documentos esenios y las Sagradas Escrituras. Se propone, además, afirmar la importancia y las implicaciones de los hallazgos en Qumrán para la comunidad eclesiástica, académica y pastoral, particularmente la de habla castellana. La comprensión adecuada de la sociología, la historia y las ideas religiosas de la secta que vivió en esos lugares en la antigüedad, puede ser de gran ayuda en el desarrollo de programas educativos transformadores y de proyectos misioneros relevantes en el siglo veintiuno.

El texto de este libro está escrito en un idioma popular y no técnico, para el beneficio de las personas que no han sido previamente expuestas a los asuntos analizados y estudiados; en las notas marginales se presentan los temas y los problemas que requieren ponderación posterior o que manifiestan complejidades particulares en las cuales más de una opinión informada y erudita

PREFACIO

es necesaria; y en la bibliografía se identifican los recursos literarios, sociológicos y teológicos necesarios para proseguir con esta interesante empresa de investigación literaria y reflexión religiosa.

En nuestro estudio se han utilizado varias traducciones importantes de los manuscritos,[11] aunque en algunas ocasiones he optado por incluir mi propia traducción y comprensión de secciones específicas de los documentos, para enfatizar algún tema estudiado o para poner de manifiesto alguna particularidad teológica o lingüística. En las referencias a los manuscritos se utiliza la nomenclatura tradicional: en primer lugar, se presenta el número de la cueva al que pertenece el escrito; posteriormente se incluye la letra Q, para afirmar que se trata de un manuscrito descubierto en la comunidad de Qumrán; luego se brinda el nombre o número del documento o fragmento estudiado; y al final se identifica la columna—en letra cursiva—y la línea leída. P.e., 4Q12-13 *i*.8, se refiere al documento o fragmento doce y trece de Qumrán, descubierto en la cueva número cuatro, la primera columna y la línea octava; y 1QIs identifica el manuscrito de Isaías descubierto en la primera cueva.[12]

Agradecimientos necesarios

Varias personas han jugado un papel de importancia capital en la redacción, edición, revisión y culminación de este libro. ¡Merecen, en efecto, mi más sincera expresión de gratitud! Sin su colaboración destacada esta empresa literaria no hubiese visto la luz.

En primer lugar, mi asistente, Sonia Colón, ha leído con pulcritud, detenimiento y dedicación esta obra en varias ocasiones. Sus comentarios y sugerencias han sido importantes y han contribuido a mejorar mis ideas y hacerlas más claras y asequibles a la comunidad laica.

La facultad y la comunidad estudiantil del Seminario Evangélico de Puerto Rico han sido el entorno teológico, educativo, pastoral y literario para la redacción de esta obra. El mundo académico del Seminario, particularmente su magnífica biblioteca, han dejado una importante huella en mis escritos y pensamiento.

Las iglesias evangélicas en Puerto Rico y los Estados Unidos me han brindado la oportunidad única y extraordinaria de presentar estos temas y explorar las implicaciones educativas y misioneras de la sociología y la teología de Qumrán.

Y Nohemí, mi esposa, merece mi singular agradecimiento: Me ha acompañado en varias ocasiones a visitar las ruinas y las cuevas de Qumrán; me ha desafiado a analizar estos temas con profundidad y pertinencia; y me ha ayudado a articular los asuntos teológicos, sociológicos e históricos expuestos en esta obra de forma adecuada, para llegar tanto a la comunidad académica profesional como a lectores, lectoras y estudiantes sin experiencia académica previa en el estudio científico de los documentos del Mar Muerto.

Para culminar este **Prefacio,** únicamente es necesario añadir— junto a la plegaria al Dios Altísimo que se incluye al comienzo de esta sección—la magnífica bendición esenia, que confiamos llegue a todas las personas que estudian estos interesantes temas y comparten conmigo el análisis, la ponderación y la interpretación de estos documentos maravillosos:

«Que Dios te bendiga con todos los bienes,
te preserve de todo mal,
ilumine tu corazón con la sabiduría de la vida,
se digne en concederte el conocimiento de la eternidad
y te muestre su rostro misericordioso de felicidad eterna»
(1QS *ii*.2b-4).

---

[1] La importancia de los descubrimientos se pone claramente en evidencia al evaluar no sólo las continuas publicaciones académicas sobre los temas expuestos, sino al percatarse del interés que han generado los manuscritos y la secta que trabajó en ellos para el público en general, particularmente para personas sin entrenamiento académico que desean conocer la naturaleza y las implicaciones religiosas y espirituales, concretas e inmediatas, de los hallazgos en las cuevas cercanas al Mar Muerto.

[2] En su sentido amplio, los documentos descubiertos en la región próxima al Mar Muerto son los siguientes: el Papiro de Samaria, los Manuscritos de Qumrán, los Manuscritos de Masada, los Manuscritos de Murabba'at, los Manuscritos de Nahal Hever, los Manuscritos de Seiyal, los Manuscritos de Nahal Mishmar, y los Manuscritos de Khirbet Mird.; véase a F. García Martínez, *The Dead Sea Scrolls Translated* (Leiden: E.J. Brill, 1996, pp. xxxii–xxxiv).

Nuestro estudio se basa específicamente en los documentos descubiertos en las cuevas de Qumrán. Las referencias a otros manuscritos de la región se identificarán de forma precisa.

[3] En torno a estos importantes descubrimientos arqueológicos, particularmente pueden estudiarse las introducciones actualizadas de James C. VanderKam, *The Dead Sea Scrolls Today* (Grand Rapids, Michigan: W.B. Eerdmans Publishing Company, 1994, pp. 1–2) y la de Harmut Stegemann, *The Library of Qumran: On the Essenes, Qumran, John the Baptist, and Jesus* (Gran Rapids, Michigan: W.B. Eerdmans Publishing Company, 1998).

PREFACIO

De gran importancia también, por el análisis histórico que presentan de los estudios en torno a los manuscritos y la secta, son los libros de G. Vermes, *An Introduction to the Complete Dead Sea Scrolls* (Minneapolis: Fortress, 1999) y de L.H. Schiffman, *Reclaiming the Dead Sea Scrolls: Their True Meaning for Judaism and Christianity* (New York: Doubleday, 1995).
Los descubrimientos en las cuevas de Qumrán no se relacionan únicamente con el período de transición de eras. En ese misma región se han descubierto, del período calcolítico (es decir, el cuarto milenio a.c.), un templo con su lugar santo, una necrópolis, varias piedras preciosas y algunos artefactos cúlticos, además de la llamada «Cueva del tesoro»; Amihai Mazar, *Archaeology of the Land of the Bible 10,000–586 B.C.E.* (New York: Doubleday, 1990, pp. 72–74).

[4] Con el nombre Qumrán se asocian varias palabras de importancia arqueológica: *tells* describe en árabe los montículos que guardan los restos de ciudades y civilizaciones antiguas, y cuando los restos no son abundantes, se conocen como *khirbeh*; las palabras *wadi* (en árabe) y *nahal* (en hebreo) aluden a los cauces y surcos que han hecho en el suelo las corrientes de las aguas que provienen de las lluvias que caen en el desierto a través de los siglos en las montañas y en los valles de la región.

[5] Stegemann, *op.cit.*, p. 1.

[6] Eusebio, *Historia eclesiástica* (Buenos Aires, Editorial Nova, 1950).

[7] VanderKam, *op.cit.*, p. 1–2.

[8] Desde el siglo diecinueve, varios estudiosos han tratado de identificar y explicar adecuadamente el origen de las ruinas de Qumrán. P.e., en el 1861, Félicien de Saulcy pensó que había descubierto la antigua ciudad de Gomorra; y en el 1914, el erudito alemán Gustav Dalman relacionó el lugar con un fuerte romano del siglo 1 d.C.; VanderKam, *op.cit.*, pp. 8–9.

[9] En el 1996 se exploraron varias cuevas cavadas en las montañas de la región, que posiblemente fueron utilizadas como dormitorios por el grupo de qumramitas. Además, se descubrieron en las ruinas dos vasijas con alguna escritura—técnicamente conocidas como «ostracas»—que posiblemente describen algunos detalles de una transacción comercial o de alguna transferencia o negocio que aludía e involucraba a un esclavo de nombre Hisday; véase a Vermes, *op.cit.*, p. 9.

[10] Josefo, *Las guerras de los judíos*, 2.7, de acuerdo con la cita y traducción que se incluye en la obra de Edmund F. Sutcliffe, *Los monjes de Qumrán, según los manuscritos del Mar Muerto* (Barcelona: Ediciones Garriga, 1962, p. 267).

[11] Entre las traducciones de los manuscritos extrabíblicos de Qumrán al español, se debe destacar la publicada por el Dr. Florentino García Martínez, *Textos de Qumrán* (Madrid: Editorial Trota, 1993). También en castellano merece distinción la popular y útil edición de M. Jiménez F. Bonhomme, *Los documentos de Qumrán* (Madrid: Ediciones Cristiandad, 1976). En inglés, debe consultarse la importante e indispensable edición de Geza Vermes, *The Complete Dead Sea Scrolls in English* (New York: Penguin, 1998).

[12] En esta cueva se encontraron dos manuscritos que se identifican como «a» y «b». Una lista extensa de los manuscritos bíblicos y extrabíblicos identificados en las once cuevas de Qumrán se puede encontrar en las obras castellana e inglesa de García Martínez, p.e., *The Dead Sea... op.cit.*, pp. 467–519.

21

Capítulo 1

LOS DESCUBRIMIENTOS: CUEVAS, RUINAS Y MANUSCRITOS

*He aquí lo que tienen que observar
los que deseen vivir según la Regla de la Comunidad
para buscar a Dios, para practicar el bien delante de sus ojos.
Siempre de acuerdo con lo que él prescribió
por boca de Moisés y de sus siervos los profetas.*
1QS *i*.1-3

Capítulo

LOS
DESCUBRIMIENTOS.
CUEVAS, RUINAS Y
MANUSCRITOS

Historia de los descubrimientos

Las narraciones sobre la historia de los descubrimientos de los manuscritos de Qumrán están llenas de misterio e intriga.[1] Lo que comenzó con la curiosidad de un beduino, al tirar una piedra a la boca de una cueva, resultó ser el más fascinante, importante e interesante descubrimiento arqueológico del siglo veinte.[2] En efecto, todo se inició en el anonimato del día, cuando un joven pastor cuidaba sus ovejas en el desierto de Judea.

De acuerdo con los relatos más fidedignos, tres pastores beduinos atendían sus ovejas al noroeste del Mar Muerto en el invierno o la primavera de 1947 (en una versión posterior, el beduino indicó que los hallazgos se llevaron a efecto en el otoño del 1946). Eran jóvenes y pertenecían a la antigua tribu de los Ta'amireh, que por siglos ha reclamado esa sección desértica de Judea, independientemente de la potencia nacional o internacional que se atribuyera el control y poder político y militar de la región.

Uno de los jóvenes, Jum'a Muhammad Khalil, para distraerse en las soledades del desierto, tiró una piedra que llegó hasta la boca de una cueva, desde donde escuchó, para su sorpresa, un ruido extraño, como si algo se hubiese roto. A los dos días, al conocer del incidente, otro de los pastores, Muhammad Ahmed el-Hamed (también apodado ed-Dhib, o «el Lobo»), se levantó muy temprano para identificar, visitar y explorar la cueva. Sorprendido, el beduino encontró diez jarras de aproximadamente dos pies de altura: ocho estaban vacías, una estaba llena de polvo, y la última contenía tres rollos, dos de los cuales estaban envueltos en lienzos, y uno cubría tres manuscritos.

Los manuscritos iniciales encontrados en esa primera cueva de Qumrán fueron los siguientes: una copia del libro de Isaías (1QIs a), una del Manual de Disciplina (1QS),[3] y un comentario teológico y doctrinal al libro del profeta Habacuc (1QpesHab).

Posteriormente, en esa misma cueva, se extrajeron otros manuscritos de gran importancia histórica, teológica y lingüística: p.e., una colección de salmos o himnos (identificados como los Himnos de Acción de Gracias, en hebreo *Hoyadot*), otra copia parcial de Isaías (1QIs b), el Rollo de la Guerra (que describe la batalla escatológica, final y definitiva entre «los hijos de la luz» contra «los hijos de las tinieblas»), y el Génesis Apócrifo (que presenta una serie novel de narraciones expandidas basadas en el primer libro de la Biblia).[4]

Los beduinos llevaron los manuscritos descubiertos a un mercader de antigüedades radicado en Belén, en marzo de 1947. Kalil Iskandar Shahin, mejor conocido como Kando, era miembro de la Iglesia Ortodoxa Siria, y junto a otro feligrés sirio, George Isaiah, hablaron con el Arzobispo Metropolitano en Jerusalén, Athanasius Yeshua Samuel,[5] para explorar inicialmente el potencial y las diversas posibilidades de venta de los manuscritos. A esa fecha no se conocía aún el idioma en que estaban escritos los documentos, no se sabía todavía el valor de los hallazgos, ni tampoco se comprendía completamente la importancia de los manuscritos o las implicaciones del estudio de los rollos para la comunidad académica y eclesiástica.

Aparentemente, el acuerdo inicial de venta fue que el beduino recibiría dos terceras partes de lo que Kando y George Isaiah obtuvieran de los manuscritos. Posteriormente el Arzobispo Metropolitano sirio compró, por el equivalente de $97.20, el rollo mayor de Isaías, el Manual de Disciplina, el Comentario a Habacuc y el Génesis Apócrifo.[6]

Palestina, en esa época, estaba aún bajo el mandato británico, y judíos y palestinos luchaban intensamente por conquistar y mantener un espacio adecuado de vida en la región, particularmente en la ciudad de Jerusalén. Las condiciones económicas, sociales y políticas de la región eran, en el mejor de los casos, inestables y volátiles.[7] Las Naciones Unidas en esos días debatían diversas alternativas de posibles divisiones territoriales, y dilucidaban en Nueva York el futuro de las comunidades palestina e israelí. ¡Ni las autoridades británicas ni las jordanas podían garantizar la seguridad de sus ciudadanos y sus visitantes! Las posibilidades de viaje eran mínimas y peligrosas, y continuamente se complicaban y se deterioraban las negociaciones y los diálogos de paz. Se vivía en medio de un espiral creciente de violencia, que lamentablemente culminó en varias guerras fratricidas entre palestinos e israelíes, y entre Israel y los estados árabes vecinos.[8]

El Arzobispo Metropolitano, por su parte, dialogó con varios expertos en torno a la naturaleza e importancia de los recién comprados manuscritos. Entre las personas consultadas se encontraba un destacado arqueólogo y profesor de la Universidad Hebrea, Eleazar Sukenik, que mostró gran interés en los escritos y sus orígenes. El 29 de noviembre de 1947—el mismo día que la Organización de las Naciones Unidas aprobó la resolución para crear el moderno Estado de Israel—el Dr. Sukenik visitó a Kando en Belén, y compró los documentos que el Arzobispo Metropolitano poseía: el manuscrito de los Himnos de Acción de Gracias y el Rollo de la Guerra; y posteriormente, el 3 de diciembre del 1947, adquirió el segundo manuscrito de Isaías. En enero del 1948, el Dr. Sukenik tuvo la oportunidad de ver los documentos que estaban en poder del Arzobispo Metropolitano e intentó comprarlos, pero el Arzobispo no mostró interés de venderlos en aquel momento.

Posiblemente la primera persona que tuvo la oportunidad de reconocer la importancia y la antigüedad de los manuscritos de Qumrán fue el Dr. Sukenik,[9] quien rápidamente los relacionó con grupos esenios, que el geógrafo romano Plinio[10] ubicó en las riberas del Mar Muerto. Hasta el día de hoy, su evaluación de los documentos y la relación de los manuscritos con esa comunidad esenia prevalece en la gran mayoría de las comunidades académicas y eclesiásticas.[11]

En febrero de 1948, el Arzobispo Metropolitano se comunicó con la *American School of Oriental Research* (ASOR) para presentarles oficialmente los manuscritos. En esa comunidad académica los documentos fueron analizados cuidadosamente, fotografiados profesionalmente y estudiados con diligencia; posteriormente se enviaron copias de las fotografías al Dr. W.F. Albright, famoso arqueólogo y erudito de los Estados Unidos, quien les felicitó calurosamente al reconocer la importancia y antigüedad de los escritos.[12]

Los eruditos y profesores del ASOR prepararon un comunicado oficial de prensa, publicado el 12 de abril de 1948, para informar al resto del mundo la importancia y la naturaleza de los hallazgos. Como reacción al comunicado de ASOR, el Dr. Sukenik reveló, el 26 de abril, que también poseía varios de los manuscritos recién descubiertos[13] en las cuevas del desierto de Judá.

Por los continuos conflictos y el deterioro de la vida en Jerusalén, el Arzobispo Metropolitano llevó los manuscritos de Qumrán, en primer lugar, al Líbano, y posteriormente a los Estados Unidos, no sólo por motivos de seguridad, sino para aumentar sus posibilidades de venta. El acto de mover los manuscritos de Jerusalén —es decir, de su contexto histórico, inmediato y real de patrimonio nacional— trajo serias discusiones académicas, profesionales, nacionales e internacionales, en torno a la legalidad y los principios éticos y morales de tal acción. Posiblemente esas preocupaciones y complicaciones legales hicieron que los esfuerzos de venta fueran infructuosos por algún tiempo.[14]

Finalmente, Yigael Yadin, hijo del ya fenecido Dr. Sukenik, respondió a un pequeño anuncio de venta publicado en el *Wall Street Journal*, el 1 de junio de 1954, y compró oficialmente para el Estado de Israel los cuatro primeros manuscritos de Qumrán. En la actualidad, todos esos documentos se conservan como tesoros especiales en la ciudad de Jerusalén, en un lugar especialmente preparado para los manuscritos, conocido como el Santuario del Libro, en el Museo de Israel.

La primera excavación arqueológica oficial y profesional de la cueva de Qumrán se llevó a efecto del 15 de febrero al 5 de marzo de 1949. En la campaña,[15] se encontraron jarras, vasijas, pedazos de tela y también se identificaron fragmentos de alrededor de setenta manuscritos adicionales. Aunque los arqueólogos en esa expedición notaron las ruinas de Qumrán, como a media milla de la cueva, y exploraron el lugar por algún tiempo, con la escasa evidencia que inicialmente poseían no pudieron relacionar las ruinas con la cueva.[16]

Una nueva expedición arqueológica profesional de toda la región se llevó a efecto del 24 de noviembre al 12 de diciembre de 1951.[17] Bajo el liderato experimentado, hábil, sobrio y sabio de G. Lankester Harding y Roland de Vaux,[18] se encontró suficiente evidencia para relacionar las ruinas de Qumrán y la cueva recién explorada. En efecto, se descubrieron en las ruinas varias jarras parecidas a las encontradas en la cueva, y se identificó una vasija similar a las que contenían los manuscritos. Estos descubrimientos motivaron a diversas instituciones académicas y profesionales a incentivar, financiar, propiciar y auspiciar programas más completos, extensos e intensos de investigaciones y expediciones arqueológicas.

La segunda cueva de Qumrán la descubrieron los beduinos, en febrero de 1952, en un lugar muy cercano a la primera. Se encontraron en esta cueva fragmentos de treinta y tres manuscritos. Y ese mismo año,[19] en una extensión de terreno relativamente pequeña en la misma región, también se descubrieron las cuevas tres, cuatro, cinco y seis.

En la tercera cueva se encontraron catorce manuscritos y el famoso Rollo de Cobre, que contiene una lista de lugares en los cuales se presume escondieron tesoros.[20] En la cuarta,[21] descubierta por los beduinos muy cerca de las ruinas, en agosto de 1952, los arqueólogos pudieron recobrar cerca de cien manuscritos, de los miles que se deben haber depositado en ese lugar. Mientras trabajaban en esa cueva, descubrieron la quinta, que tenía fragmentos de algunos veinticinco manuscritos adicionales. Ese mismo año, un beduino encontró la sexta cueva que tenía fragmentos de unos treinta y un documentos.

Aunque durante los años 1953 y 1954 se llevaron a efecto varias campañas arqueológicas de importancia, fue en la cuarta expedición oficial de la región, en el 1955, que se descubrieron las cuevas siete al diez. Lamentablemente esas cuevas estaban muy deterioradas, y los hallazgos importantes y significativos no fueron muchos. En la séptima se encontraron unos diecinueve manuscritos bien fragmentados; en la octava, únicamente cinco textos rotos de muy difícil comprensión; en la novena, un papiro que no ha sido identificado con mucha claridad; y en la décima, una vasija de cerámica con alguna escritura.[22]

La cueva final, la oncena, fue descubierta nuevamente por los beduinos en enero de 1956. Este hallazgo resultó ser de gran importancia científica y profesional, no sólo por los veintiún manuscritos recuperados en el lugar, sino por la naturaleza y la conservación de los documentos, que pueden compararse físicamente con los siete manuscritos iniciales de la primera cueva.

Luego de esa quinta expedición arqueológica (del 18 de febrero al 28 de marzo de 1956), se llevó a efecto la sexta y última campaña oficial de exploración relacionada con los descubrimientos de Qumrán, del 25 enero al 21 de marzo de 1958, que fue infructuosa en términos de manuscritos descubiertos.[23]

En el 1996 se exploraron profesionalmente varias cuevas cavadas a mano, que están ubicadas muy cerca a las ruinas, que posiblemente por algún tiempo fueron utilizadas como dormitorios por algunos miembros de la comunidad qumramita.[24] Esos esfuerzos arqueológicos no produjeron nuevos hallazgos de manuscritos.

Publicación de los manuscritos

En todas las cuevas de Qumrán se descubrieron cerca de 850 ó 900 manuscritos o fragmentos.[25] Algunos eruditos piensan que en las cuevas se guardaban cerca de 1,000 rollos: unos fueron descubiertos y removidos en la antigüedad o en la Edad Media, y otros se deterioraron con el tiempo y las condiciones del desierto. Los descubrimientos contemporáneos, en muchos casos, se reducen a fragmentos irreconocibles e indescifrables,[26] aunque hay varios manuscritos de gran importancia histórica, teológica y textual, que se conservan en muy buen estado.[27]

Aunque varias voces se han levantado para anunciar y delatar algún tipo de complot religioso internacional—particularmente para acusar a la Iglesia Católica Romana y al Vaticano de esos esfuerzos—que intenta esconder, confundir, detener e impedir la publicación y el conocimiento general del contenido de varios documentos,[28] la verdad es que la gran mayoría de los manuscritos descifrables y entendibles descubiertos en las cuevas de Qumrán ya se han publicado, p.e., en disertaciones doctorales, en series de libros académicos relacionados con el tema, en artículos especializados, en conferencias profesionales, e inclusive en varias publicaciones no especializadas para el público en general.[29]

Los problemas de edición y publicación se relacionan mayormente con la complejidad inusitada de poseer un número considerablemente alto de fragmentos, que en muchos casos son de muy difícil lectura, y que por su estado avanzado de deterioro son extremadamente difíciles de manejar físicamente y de comprender adecuadamente. Esa es la condición particular de gran parte de los muchos rollos descubiertos en la cueva cuatro.[30] Las teorías de conspiración se fundamentaron básicamente en la lentitud de las publicaciones, y en la secretividad y confidencialidad con que algunos de los editores de los materiales manejaban la información referente a los manuscritos y su contenido.[31]

Con el tiempo, al evaluar críticamente la metodología de investigación y las políticas de publicación de los manuscritos, se descubren con facilidad varias fallas de orden profesional y legal que debieron haberse evitado. Particularmente esa política consciente o subconsciente de silencio y ese sentido de autoridad y poder sobre los manuscritos, seguida y propiciada por algunas de las personas responsables de la publicación del material, contribuyó adversamente no sólo a que la comunidad en general tuviera acceso directo a los documentos, sino que generó un nivel de sospecha que alimentó considerablemente las teorías de conspiración.[32] La verdad es que las relaciones públicas en torno al manejo oficial y responsable de los documentos fueron fatales.

Las ruinas de Qumrán

Por varios años, y en cinco expediciones arqueológicas oficiales, se exploraron cuidadosamente las cuevas y se estudiaron profesionalmente las ruinas de Qumrán. En las investigaciones, el Padre Roland de Vaux, que era un distinguido erudito bíblico y arqueólogo, además de dirigir la famosa Escuela Bíblica (*Ecole Biblique*) en Jerusalén, jugó un papel protagónico. Es interesante notar, respecto a esa histórica institución académica francesa, que el Arzobispo Metropolitano sirio había ido a sus instalaciones anteriormente para indagar sobre los manuscritos y para explorar el potencial de venta de los manuscritos.

De sus expediciones y estudios, el Padre de Vaux elaboró una teoría en torno a las cuevas del Mar Muerto y referente a las ruinas de Qumrán y sus habitantes, que todavía es muy popular y aceptada en gran parte de la comunidad académica que se dedica a estudiar estos temas de forma sistemática.[33] En el análisis crítico de las ruinas,[34] se pueden distinguir esencialmente dos períodos mayores de actividad y presencia humana:[35] el período inicial prequmramita, y el tiempo de la secta relacionada con los manuscritos.

La primera época importante de ocupación se relaciona posiblemente con los siglos 8vo y 7mo a.C.: las ruinas pueden ser remanentes de una ciudad antigua identificada únicamente en la Biblia como «Ciudad de la Sal» (Jos 15.62), cerca de En-gedi, justo al sur de Qumrán.[36] De este período antiguo de ocupación la evidencia es mínima, pues el deterioro de esas secciones antiguas de las ruinas es mayor, y también porque los materiales de esta época se utilizaron como base de las construcciones posteriores.[37]

Luego de un período bastante largo de abandono, se puede distinguir una época adicional de ocupación, que se inicia por el 140 a.c., y que duró hasta posiblemente los años 68, 90 ó 135 d.c. Esa segunda época de actividad social y de dinámica religiosa en Qumrán es la que se relaciona específicamente con las vivencias del grupo sectario que produjo los documentos que se encontraron en las cuevas. En la teoría del Padre de Vaux, la ocupación sectaria de los edificios de Qumrán, a su vez, se puede subdividir en tres períodos históricos principales.

El primer período de la ocupación sectaria puede también separarse en dos momentos particulares: del primero se conservan algunas monedas que delatan el año 140 d.c. como una fecha clave. Ese período no fue extenso, pero dio paso a una posterior época importante de construcción física y de actividades de la secta. Comenzó posiblemente durante el reinado de Juan Hircano, el conocido monarca hasmoneo y sumo sacerdote judío (134-104 a.C.). En esa época, entre otras mejoras, se construyeron nuevas secciones de edificios antiguos, se arreglaron y embellecieron las edificaciones anteriores, el sistema interno de movimiento y almacenamiento de las aguas fue considerablemente mejorado, y fue construido un muy importante acueducto que traía agua de las montañas.

De los proyectos de construcción y de las mejoras a los edificios y a las instalaciones comunitarias se desprende que la comunidad esenia[38] que vivía en Qumrán creció considerablemente durante esos años. Este importante período de construcción y actividad sectaria posiblemente finalizó con un terremoto y un fuego, en el año 37 a.c., según se pone de manifiesto en las excavaciones arqueológicas y se confirma en los escritos del historiador judío Josefo.[39]

Los habitantes de Qumrán abandonaron las instalaciones físicas luego del terremoto del 37 a.C., hasta que otro grupo esenio regresó al lugar y reconstruyó los edificios, luego de la muerte del rey Herodes en el 4 a.C. Este período fue de gran actividad sectaria, por las condiciones políticas, sociales y religiosas en Jerusalén, y también por las reacciones del grupo esenio a las actividades políticas y posturas teológicas de los sacerdotes y los líderes judíos. Este período finalizó en el 68 d.C., cuando las tropas romanas llegaron a Qumrán y destruyeron sus instalaciones físicas como parte de la reacción militar del imperio a las revueltas judías en los años 66-70 d.C.

La evidencia arqueológica, además, pone de relieve la naturaleza de la destrucción y del conflicto, al encontrar varias puntas de flechas romanas; y revela también la posible fecha de destrucción y ocupación final de los edificios, al descubrir ochenta y tres monedas del segundo año de la revolución judía (p.e., 68 d.C.), y cinco del tercer año de ese importante intento de emancipación nacionalista.[40] Luego de la destrucción de Qumrán en el 68 d.c., y para evitar la reorganización del grupo, algunos soldados romanos permanecieron en el lugar por varios años, construyeron barracas y dejaron monedas hasta del año 90 d.c. En el posterior período revolucionario relacionado con Bar Kokhba (132–135 d.C.), las ruinas de Qumrán también fueron ocupadas por algún tiempo, posiblemente por simpatizantes del movimiento nacionalista judío, como lo revelan las monedas descubiertas de ese período.[41]

De acuerdo con la teoría del Padre de Vaux, las estructuras descubiertas no se utilizaban principalmente para la vivienda, sino para actividades comunitarias de la secta, pues los moradores esenios posiblemente vivían en las cuevas o en tiendas de campaña en la cercanía de las instalaciones. Otros estudiosos de las ruinas piensan que en el segundo piso del edificio principal se pueden identificar algunos lugares que pudieron muy bien ser utilizados para la vivienda del grupo.[42]

En los edificios también se ha identificado un lugar determinado que posiblemente se utilizaba para copiar y trabajar en los documentos: p.e., se han descubierto varios muebles, un *scriptorium* (o lugar de escritura), y algunos instrumentos para reproducir manuscritos.[43] Aunque no se encontraron manuscritos en las ruinas, se descubrieron vasijas con escrituras y monedas identificadas.[44]

Cerca de las ruinas de los edificios de Qumrán se encontraron y exploraron varios cementerios. El cementerio mayor, al este de los edificios, contiene como mil cien tumbas, que están dispuestas en tres filas de manera ordenada; las veintiséis tumbas exploradas al azar de diversas secciones del cementerio, resultaron ser de hombres, que estaban enterrados de forma paralela, de norte a sur. Otras secciones se han explorado, en lo que parecen ser cementerios secundarios. En una tumba singular, separada de las demás, se encontraron los restos de una mujer; y en extensiones adicionales de los cementerios también se han descubierto los huesos de varias mujeres y de niños.[45] El número de tumbas y los restos de mujeres y de niños en Qumrán pone claramente de relieve el crecimiento y el importante desarrollo de la comunidad esenia a través de los años. Además, son una clara indicación de que en la comunidad había mujeres y niños, aunque no se puede determinar con precisión, basados en los hallazgos en los cementerios, si eran parte de la comunidad que vivía permanentemente en Qumrán, o eran sólo visitantes o familiares de los esenios a quienes la muerte les sorprendió en el lugar.

Referente a las ruinas y las cuevas se han elaborado varias teorías alternas, que no han recibido el reconocimiento académico y la aceptación profesional que tienen las explicaciones del Padre de Vaux. La primera indica que las instalaciones descubiertas en Qumrán nunca fueron habitadas por los esenios. El lugar era esencialmente una base militar judía, gobernada por las autoridades de Jerusalén, hasta que fue destruida por los regimientos romanos en el 68 d.C. Los rollos de las cuevas no tienen nada que ver, según esta teoría,[46] con las ruinas, pues fueron traídos a las cuevas remotas del desierto de Judea, para protegerlos durante la revolución judía contra el imperio romano que se inició en el 66 d.C.

Otra teoría que intenta explicar las ruinas y los descubrimientos indica que el lugar era prioritariamente una villa de verano, con un magnífico lugar para banquetes, de alguna persona o familia acaudalada de Jerusalén.[47] El lugar, desde esta perspectiva hermenéutica, era un lugar propicio para el descanso de algunas familias acaudaladas de Jerusalén.

La evaluación sobria y sosegada de la evidencia arqueológica recopilada en el lugar, sin embargo, no apoya esas teorías de las cuevas y esas interpretaciones de los manuscritos, por diversas razones: en primer lugar, varias vasijas descubiertas en las cuevas son similares y se hicieron según los criterios de las que se producían continuamente en Qumrán. Además, el lugar de las ruinas no está físicamente preparado para ser un bastión militar; y por su cercanía a Jericó, que era una ciudad conocida, es improbable que se utilizara como un lugar de veraneo en el desierto.

Identificación de los habitantes

Una de las primeras personas en relacionar a la comunidad que vivió en Qumrán con la antigua secta de los esenios fue el Dr. Sukenik. Al leer los manuscritos recién adquiridos, particularmente el Manual de Disciplina, rápidamente descubrió la gran similitud entre las prácticas y creencias de los grupos esenios y la comunidad de Qumrán. Posiblemente, aludió en esa interpretación a los escritos antiguos del historiador judío Flavio Josefo, en los cuales se presentan los diversos grupos judíos que estuvieron particularmente activos desde mediados del segundo siglo a.c., hasta la destrucción de Jerusalén en el 70 d.C. (p.e., fariseos, seduceos y esenios). También hizo referencia a las reseñas importantes del Plinio el Viejo, que era un geógrafo romano.[48]

En efecto, la teoría básica que relaciona a los moradores de Qumrán con los antiguos esenios se fundamenta en dos pilares básicos: en primer lugar, las referencias antiguas, particularmente las de Plinio el Viejo, identifican las instalaciones físicas de la comunidad antigua de los esenios con el lugar en que se han descubierto las ruinas en Qumrán.[49] Además, de las descripciones antiguas que se hacen de los grupos esenios y de la lectura crítica de los manuscritos descubiertos en las cuevas, particularmente del análisis del Manual de Disciplina, se descubren grandes similitudes entre los dos grupos.

La presentación de los esenios, de acuerdo con Plinio el Viejo, es la siguiente:

> «Al oeste (del Mar Muerto) los esenios se mantenían apartados de la orilla para evitar sus efectos perniciosos. Son una raza solitaria, la más sorprendente del mundo, sin comercio sexual, sin dinero y sin más compañía que las palmeras. Su grupo conserva un número constante de miembros, aunque el tiempo pase, porque reciben a muchos hombres cansados de la existencia a cuyo modo de vida empujan el oleaje de la fortuna.»[50]

De acuerdo con Plinio, había una población esenia aislada muy cerca del Mar Muerto, no tenían mujeres, habían renunciado a todo deseo sexual, no tenían dinero, los acompañaban únicamente las palmeras, y recibían refugiados de diversos lugares que se unían al grupo continuamente.⁵¹ Y aunque la exactitud y la veracidad plena de los documentos de Plinio han sido seriamente cuestionadas,⁵² su uso crítico, sobrio y ponderado todavía es base de autoridad para sustentar la identidad esenia de los qumramitas.⁵³

El segundo argumento de peso para relacionar a los dos grupos es de corte teológico, doctrinal y social. El estudio del Manual de Disciplina revela una serie de prácticas y creencias que son muy similares a las descripciones históricas antiguas de la comunidad esenia.⁵⁴ Particularmente similares son los procesos de iniciación y las ceremonias de aceptación de nuevos miembros en la comunidad, algunas percepciones teológicas e ideológicas fundamentales, y las reglas básicas que gobiernan sus dinámicas regulares y actividades diarias. Como el Manual de Disciplina era una especie de constitución para la comunidad de Qumrán, de su estudio y análisis se pueden desprender e identificar las prácticas, creencias, teologías y prioridades fundamentales del grupo.

Entre las percepciones teológicas que relacionan a los dos grupos podemos identificar varias importantes. En los dos grupos se manifiesta una tendencia teológica de predestinación. Tanto para los esenios como para los qumramitas el futuro estaba muy bien definido y fijado por Dios, que había diseñado el mundo para manifestar su voluntad incuestionable. Este tipo de teología dogmática y determinista se manifiesta repetidamente no sólo en el Manual de Disciplina, sino en los Himnos de Acción de Gracias y en el Rollo de la Guerra. Junto a la teología de la predestinación se manifiestan también conceptos parecidos en relación con la vida futura, que los diferencia de las teologías de los fariseos y de los saduceos.

La evaluación de las prácticas entre los dos grupos también revela muchas coincidencias y similitudes. Ambos grupos rechazan el uso del aceite en los cuerpos, tenían un sentido de propiedad en común, las formas particulares de preparar e ingerir los alimentos, las maneras específicas de disponer de los desperdicios, y el rechazo al escupir. Estas prácticas en común, junto a la continuidad teológica, corroboran la teoría que indica que los moradores de las ruinas de Qumrán eran esenios,⁵⁵ que se habían separado de los grupos religiosos palestinos y decidieron congregarse en las riberas del Mar Muerto, para vivir en soledad y practicar libremente sus creencias.⁵⁶

El estudio sistemático de los materiales de los esenios y de los qumramitas también revela algunas diferencias de importancia. Sin embargo, prefiero mantener la identificación esenia del grupo, pues es la teoría que en la actualidad mejor explica tanto las creencias religiosas de la secta, como sus prácticas y costumbres.

En los manuscritos se identifica al grupo esenio con varios nombres: *yahad* (comunidad) y '*edah* (congregación); y a los miembros de la comunidad se alude, entre otros nombres, como «hijos de Zadok», «hijos de la luz», «miembros de la nueva alianza», «pobres», «simples», «piadosos» y «numerosos».[57] Esa particular nomenclatura está firmemente anclada en la tradición de piedad y espiritualidad que se ponen de relieve en la Biblia Hebrea, que tanto los moradores de Qumrán como los antiguos esenios afirmaban.

Ofensas y castigos

A continuación presentamos una lista de las ofensas que se identifican en los manuscritos con sus respectivos castigos. Esta relación pone de relieve la naturaleza sectaria del grupo, y revela lo estricto de sus prácticas y enseñanzas.[58]

Ofensa	Castigo
Usar el nombre divino en vano	Expulsión permanente
Informar o quejarse en contra de la secta	Expulsión
Rebelión contra las normas de la secta	Reducción de la comida por dos años
Hablar en contra de los sacerdotes Insultar a alguien Mentir sobre el dinero Murmurar contra alguien	Reducción de comida por un año
Responder a un superior de la secta con altivez	Reducción de comida por un año
Hablar obscenidades	Reducción de comida por tres meses

EL MISTERIO REVELADO

Ofensa	Castigo
Quedarse dormido en una asamblea Faltar a una votación Escupir en una asamblea Exponer los genitales Reírse en alta voz	Reducción de comida por un mes
Interrumpir a otro miembro de la comunidad Faltar sin razón por tres días a una asamblea Gesticular con la mano izquierda mientras se habla	Reducción de la comida por 10 días

---

[1] Referente a esta historia, pueden leerse las reseñas recientes de VanderKam, *op.cit.*, pp. 3–27 y Stegemann, *op.cit.*, pp. 1–5. Además, el lector puede estudiar en castellano el fundamental y casi insustituible libro de Millar Burrows, *Los rollos del Mar Muerto* (México y Buenos Aires: Fondo de Cultura Económica, 1958, pp. 15–82). Es importante notar, sin embargo, que casi todos los que presentan estos recuentos esencialmente se fundamentan en la magnífica narración y los comentarios acertados de John C. Trever, *The Untold Story of Qumran* (Westwood, N.J.: Fleming H. Revell Co., 1965).

Desde la perspectiva académica y profesional, es importante notar que en torno a los descubrimientos de Qumrán se editan en la actualidad dos revistas especializadas: *Review de Qumran* (1958-), que publica una bibliografía extensa relacionada con el tema,' y *The Dead Sea Discoveries* (1994-). A estos documentos y libros, debemos añadir la monumental obra de E. Tov, apoyado por Stephen J. Pfann, *The Dead Sea Scrolls on Microfiche* (Leiden: E.J. Brill, 1993), que incluye una colección de facsímiles de los manuscritos publicados y no publicados del desierto de Judea.

[2] El Dr. William Foxwell Albright, eminente arqueólogo y experto en escritura hebrea antigua, describió los hallazgos como «el descubrimiento arqueológico más importante en tiempos modernos»; *Bulletin of the American School of Oriental Research* (110 [Abril 1948] 3).

[3] Este manuscrito, del cual se encontraron como una docena de copias en la cuarta y quinta cuevas, incluye dos columnas adicionales de gran importancia para la apreciación adecuada y comprensión de las prácticas de la secta y para la evaluación precisa del mundo de las ideas religiosas que poseían; véase a Vermes, *op.cit.*, pp. 32–33.

[4] Para el estudio de las ediciones críticas de esos manuscritos, véase a Vermes, *op.cit.*, pp. 32–93; y Schiffman, *op.cit.*, pp. 461–469.

[5] En el 1992, tuve la grata oportunidad de conocer al Arzobispo Metropolitano en su residencia en New Jersey, mientras trabajábamos en el proyecto de traducción de la Biblia al antiguo idioma turoyo, que todavía se utiliza en varias comunidades sirias en Estados Unidos, Holanda y Turquía. En varias ocasiones dialogamos sobre estos asuntos de Qumrán, y, además de

disfrutar su hospitalidad y aprecio, nos presentó con interés y entusiasmo su participación, perspectiva y versión de los hallazgos y los rollos, y también comentó sus aportaciones e influencias en los procesos de evaluación de los documentos y en las dinámicas de compra y venta de los manuscritos.

⁶ VanderKam, *op.cit.*, pp. 4; Stegemann, *op.cit.*, p. 22.

⁷ Las dinámicas y los peligros de las luchas, y guerras entre judíos y palestinos en ese período de descubrimientos y ventas de manuscritos se ponen de manifiesto en la obra de VanderKam, *op.cit.*, pp. 3-5. Referente a estos temas también puede consultarse la obra de J. Trever, *The Untold Story of Qumran* (Westwood, N.J.: Fleming H. Revell Co., 1965).

⁸ Para una breve pero muy interesante y adecuada introducción a las políticas y la historia de ese período, desde la particular perspectiva de los estudios y los descubrimientos de los manuscritos de Qumrán, véase a Vermes, *op.cit.*, pp. 1-11.

⁹ Otro estudioso que temprano en la historia de los descubrimientos identificó el libro de Isaías en uno de los rollos y afirmó el valor de los manuscritos, fue J. van der Ploeg, de la Universidad de Nimega en Holanda, que estaba en el Ecole Biblique como erudito visitante.

¹⁰ Plinio el Viejo (23-79 d.C.) compiló una serie importante de relatos sobre lugares y cosas de interés en el Imperio Romano y algunos otros lugares (desde España hasta la India). En su obra (c. 77 d.C.), identificó a la comunidad o tribu de los esenios que vivían solitarios al noroeste del Mar Muerto; *Natural History*, vol. II, Books III-IV (trans. H. Rackham; Loeb Classical Library; Cambridge; Harvard University Press, London: Wm. Heinemann, repr. 1969).

¹¹ El Dr. Schiffman, *op.cit.*, pp. 65-81, presenta una muy interesante posición divergente.

¹² W.F. Albright, «New Light on Early Recensions of the Hebrew Bible», *BASOR* 140, [1957], pp. 27-33.

¹³ Las intrigas y los malentendidos han acompañado a los manuscritos del Mar Muerto desde su descubrimiento. Para un recuento interesante de la naturaleza de las dificultades de la comunicación en Palestina durante esos días, véase a VanderKam, *op.cit.*, pp. 6-8.

¹⁴ Las ventas de los manuscritos, inicialmente, se hicieron fundamentadas en centímetros cuadrados; véase a Stegemann, *op.cit.*, pp. 22-23.

¹⁵ Véase a Schiffman, *op.cit.*, pp. 53-57, para la identificación precisa de los manuscritos descubiertos por cueva.

¹⁶ Varios arqueólogos de generaciones anteriores habían explorado el lugar y habían llegado a conclusiones diferentes; p.e., Gustav Dalman pensaba que se trataban de las ruinas de una fortificación romana, y F.M. Abel relacionó las tumbas con un cementerio de alguna antigua secta musulmana; VanverKam, *op.cit.*, p. 9.

¹⁷ En octubre de 1951 se descubrieron los Manuscritos de Muraba'at, en unas cuevas cerca de Qumrán, que incluyen varios documentos importantes de la Segunda Revuelta Judía contra Roma (132-135 d.C.), con una serie de cartas firmadas por el líder del movimiento, Simón Bar Kokhba; VanderKam, *op.cit.*, pp. 10-11; Frank Moore Cross, *The Ancient Library of Qumran* (3rd. ed.; Minneapolis: Fortress Press, 1995, pp. 28-29).

[18] Una obra clásica en torno a las expediciones arqueológicas en Qumrán es la de Roland de Vaux, *Archaeology and the Dead Sea Scrolls* (London: Oxford University Press, 1973); véase también el libro de Philip R. Davies, *Qumrán* (Grand Rapids: Eerdmans Publishing Co., 1983).

[19] Un buen grupo de arqueólogos profesionales, auspiciados por la ASOR, trabajaron sistemáticamente en esa región del Mar Muerto, del 10 al 29 de marzo de 1952, y exploraron como 225 cuevas. Encontraron finalmente la tercera cueva el 14 de marzo, siendo ésta la primera cueva descubierta por los arqueólogos.

[20] Véase particularmente la obra de J. M. Allegro, *The Treasure of the Copper Scroll* (London: Routledge and Kegan Paul, 1960); también pueden estudiarse los libros de F. Moore Cross, *op.cit.*, pp. 20-22; VanderKam, *op.cit.*, pp. 68-69; Stegamenn, *op.cit.*, pp. 72-74.

[21] Las narraciones en torno al descubrimiento de esta cueva son interesantísimas. Un anciano de la misma tribu de los Ta'amireh indicó que cuando era joven descubrió esa cueva y guió a varios jóvenes para explorarla. En el lugar, ellos indican que encontraron miles de documentos que posteriormente vendieron en Jerusalén. Aunque trataron de esconder los hallazgos, la cueva fue identificada y explorada por Harding, de Vaux y J.T. Milik, del 22 al 29 de septiembre de 1952. VanderKam, *op.cit.*, pp. 10-11.

[22] Véase la lista extensa de los manuscritos descubiertos e identificados en García Martínez, *The Dead Sea Scrolls... op.cit.*, pp. 467-519; *Los textos de Qumrán*, pp. 481-518.

[23] Véase la obra de Stegemann, *op.cit.*, pp. 67-78, para identificar y analizar el contenido específico de cada cueva.

[24] Vermes, *op.cit.*, p. 9.

[25] Seguimos en este análisis a Stegemann, *op.cit.*, pp. 6-11.

[26] En ocasiones, lo que se posee para relacionar e identificar los manuscritos menores y fragmentarios son: el idioma en que están escritos—p.e., hebreo, arameo y griego—la formación de algunos caracteres y letras, el color, espesor y composición del manuscrito—p.e., si están escritos en cuero o papiro—los espacios entre las letras y las líneas de escritura, o la cueva en que fueron descubiertos.

[27] Una magnífica lista —descriptiva de cada documento y con sus respectivas identificaciones bibliográficas— con más de cien manuscritos y fragmentos descubiertos en las cuevas del Mar Muerto se puede encontrar en la obra de Vermes, *op.cit.*, pp. 32-93.

[28] Avanza esta teoría de conspiración en el libro publicado por Michael Baigent and Richard Leigh, *The Dead Sea Scroll Deception: Why A Handful of Religious Scholars Conspired to Suppress the Revolutionary Contents of the Dead Sea Scrolls* (New York: Summit Books, 1991). La traducción al castellano del título del libro original en alemán era «Jesús bajo candado y llave: Los rollos de Qumrán y la verdad sobre el cristianismo primitivo».

[29] En el 1993, la editorial E.J. Brill de Holanda, publicó una edición oficial con las fotografías de todos los manuscritos publicados y no publicados de las cuevas de Qumrán. Por los tanto, ya no hay más manuscritos secretos u ocultos al público.

30 Véase el análisis de Stegemann, *op.cit.*, pp. 7-8, que analiza el número de los manuscritos publicados de la cueva cuatro.

31 VanderKam, *op.cit.*, pp. 187-201, hace un magnífico recuento de la historia de los conflictos y las críticas a los comités de trabajo y editores de los manuscritos, por la lentitud y secretividad de sus trabajos.

32 Schiffman, *op.cit.*, pp. 11-16.

33 Aunque el Padre de Vaux nunca presentó el informe final y oficial de sus expediciones arqueológicas en la región, la publicación póstuma de las conferencias Schweich, en el 1959, son todavía al día de hoy una fuente de autoridad insustituible para las personas que estudian el tema; véase a de Vaux, *op.cit.* También en la revista *Revue Biblique* de la década de los 50 y 60 hay varios artículos de importancia en los que se estudian y presentan los diversos componentes de esta teoría sobre los manuscritos y los habitantes de Qumrán.

34 Para la evaluación sobria que permite fijar con cierta precisión las fechas de ocupación se toman en consideración los siguientes factores: se estudia la historia de la región, según se desprende de escritos antiguos, particularmente del historiador Flavio Josefo; se analizan las monedas; y se revisan los manuscritos y las referencias o alusiones históricas que puedan tener; véase a de Vaux, *op.cit.*, pp. 36-41.

35 La teoría que incluyo en esta sección, se informa de los estudios y los comentarios de VanderKam, *op.cit.*, pp. 12-15, y Stegemann, *op.cit.*, pp. 38-51. Véanse también los importantes estudios de Vermes, *op.cit.*, pp. 94-115, y de Schiffman, *op.cit.*, pp. 37-49.

36 En el análisis del Padre de Vaux, se identifica una sección de los descubrimientos, un edificio rectangular, con esa época.

37 Una presentación sobria y clara de los esfuerzos arqueológicos en Qumrán y de la significación de los descubrimientos, puede encontrarse en la obra de Schiffman, *op.cit.*, pp. 37-61.

38 Respecto a la posible identidad esenia de los moradores de Qumrán dedicaremos posteriormente una sección; véase *infra*, en este mismo capítulo, la sección titulada «Identificación de los habitantes».

39 Schiffman, *op.cit.*, p. 50; VanderKam, *op.cit.*, p. 13.

40 La identificación de fechas fundamentada en la tecnología moderna ha progresado considerablemente con el advenimiento de las computadoras y el mejoramiento de los estudios del Carbono 14. Véase la tabla de comparación de identificación de fechas fundamentadas en evidencia interna, el análisis paleográfico y el estudio del espectrómetro de aceleración de masa que se incluye en VanderKam, *op.cit.*, p. 18.

41 La importante evidencia numismática descubierta en las ruinas de Qumrán revela los diversos períodos históricos de ocupación de los edificios e identifica diferentes líderes políticos de la época de ocupación: p.e., se han identificado monedas de plata y de bronce del período seléucida, y también se han encontrado otras monedas judías, herodianas, de las dos revueltas judías, de Nerón y de Agripa; véase a VanderKam, *op.cit.*, pp. 21-23.

EL MISTERIO REVELADO

⁴² Véase la interpretación alterna de los hallazgos que presenta Stegemann, *op.cit.*, pp. 38-51.

⁴³ Tradicionalmente se ha pensado que los copistas en la antigüedad se sentaban en el piso y apoyaban los rollos que copiaban en sus rodillas y muslos, para llevar a efecto trabajos escritura. Esa convicción ha hecho pensar que los llamados «escritorios» de Qumrán tenían otro propósito, posiblemente para la alimentación. Sin embargo, hay que tomar en consideración, al estudiar la evidencia, que junto a los escritorios también se encontraron otros instrumentos que facilitaban la labor de los copistas; Schiffman, *op.cit.*, pp. 47-48.

⁴⁴ Los métodos para fijar las fechas de los hallazgos han mejorado considerablemente a través de los años. Junto a los tradicionales estudios paleográficos y las alusiones internas en los documentos o las monedas, se han sofisticado considerablemente las investigaciones químicas y los procesos de estudios radiactivos que utilizan el carbono 14, identificados con espectrómetros de aceleración de masa; véase a G. Bonani, S. Ivy, W. Wolfli, M. Broshi, I. Carmi, y J. Strugnell, «Radio Carbon Dating of Fourteen Dead Sea Scrolls», *Radiocarbon* 34 (1992), pp. 843-49; y VanderKam, *op.cit.*, pp. 16-23.

⁴⁵ La presencia de esqueletos de mujeres en Qumrán hace que revisemos críticamente el importante asunto del celibato y el rol de las mujeres en la secta. Posteriormente en este libro dedicaremos toda una sección al estudio de este tema; véase particularmente en este libro el Capítulo 6: Los manuscritos y las mujeres y la obra de Schiffman, *op.cit.*, pp. 127-143.

⁴⁶ Véanse particularmente los escritos del profesor de la Universidad de Chicago, Dr. Normand Golb, «The Dead Sea Scrolls: A New Perspective», *The American Scholar* 58 (1989), pp. 177-207. Reacciones a estas posturas pueden encontrarse en VanderKam, *op.cit.*, pp. 23-26, y en Stegemann, *op.cit.*, pp. 64-66.

⁴⁷ Los propulsores de esta comprensión de los hallazgos de Qumrán son los esposos Pauline Donceel-Voute y Robert Donceel, «Coenaculum»—La salle a l'etage du *locus* 30 a Khirbet Qumran sur la mer morte», *Banquets d'Orient* (Res Orientales 4; 1993), pp. 61-84.

⁴⁸ Véase en el análisis detallado de la identificación de los habitantes de Qumrán de Schiffmann, *op.cit.*, pp. 72-81, las diversas alternativas y las propuestas diferentes que se han hecho a través de los años respecto a la identidad particular del grupo.
La traducción de los documentos de Josefo, Filón y Plinio el Viejo, que particularmente se relacionan con los esenios, se puede encontrar en el libro de Sutcliffe, *op.cit.* pp. 253-272.

⁴⁹ En esta región no se ha descubierto ninguna evidencia arqueológica que identifique alguna comunidad, con excepción del grupo que habitaba las ruinas de Qumrán.

⁵⁰ Plinio el Viejo, *Naturalis Historia* 5.15, en Sutcliffe, *op.cit.*, p. 271.

⁵¹ VanderKam, *op.cit.*, pp. 71-75; Sutcliffe, *op.cit.*, p. 271.

⁵² De particular preocupación para los estudiosos de estos documentos es la metodología de redacción y escritura que emplea en sus escritos. Más que un autor independiente, Plinio es un compilador de informes y reseñas, que en ocasiones no presenció necesariamente lo que describe en su obra. Además, Plinio finalizó su obra en el 77 d.C., cuando ya, según la teoría del Padre de Vaux, la comunidad de Qumrán había sido destruida. Sin embargo, la lectura del documento

revela que su redacción está en tiempo presente, implicando que todavía en esa época de redacción la comunidad esenia estaba en operación en el Mar Muerto.

[53] En este sentido es muy importante señalar que los grupos esenios no sólo estaban ubicados en Qumrán, y que los diversos sectores manifestaban algunas diferencias en las prácticas de sus creencias.

[54] Vease a VanderKam, *op.cit.*, pp. 76–87.

[55] Algunas voces minoritarias han identificado a los moradores de la comunidad de Qumrán con los diversos grupos saduceos. Esta interpretación se fundamenta especialmente en sus lecturas, interpretaciones y percepciones legales de la pureza, según se describen en algunos manuscritos particulares (p.e., en 4QMMT); véase a Lawrence Schiffman, «The New Halakhic Letter (4QMMT) and the Origins of the Dead Sea Sect», *Biblical Archaeologist* 53 (1990), pp. 64–73.

[56] Aunque estoy consciente de algunos problemas que la teoría aceptada no puede explicar para satisfacción de algunos sectores académicos y profesionales, afirmo la identidad esenia del grupo de Qumrán fundamentado en los argumentos teológicos y prácticos expuestos, y reconociendo que los grupos esenios vivían en diversos lugares de Palestina, y que por esas distancias y por las realidades sociales manifestaban algunas diferencias en sus creencias y prácticas. Si no eran esenios propiamente dicho, eran un grupo que procedía de esa comunidad (véase a García Martínez, *op.cit.*, pp. 41–42).

El problema fundamental con la identidad esenia de los qumramitas se relaciona específicamente con estas particularidades: se pueden descubrir algunas discrepancias en los procesos de iniciación, aceptación y entrada a la comunidad, entre los escritos de Josefo y el Manual de Disciplina; también en el asunto del matrimonio, las mujeres, los hijos y las familias no hay correspondencia total entre lo informado de los esenios y lo descubierto en Qumrán; y finalmente se indica que el nombre esenio no aparece entre los manuscritos descubiertos en las cuevas.

Los procesos de aceptación y entrada a los grupos y el asunto matrimonial posiblemente revelan diferencias normales entre diversos sectores de un mismo movimiento que vivían en condiciones sociales diferentes y comunidades variadas; es muy importante notar que ¡la comunidad de Qumrán vivía en el desierto! El argumento de la identificación del nombre presupone que conocemos bien el significado de la palabra «esenio», que posiblemente se debe haber incluido muchas veces en los manuscritos, pero que el conocimiento actual que poseemos de los documentos nos impide identificarlo con claridad. Véanse en torno a este importante asunto a VanderKam, *op.cit.*, pp. 87–97; Schiffman, *op.cit.*, pp. 72–81.

[57] García Martínez, *op.cit.*, p. 40.

[58] Véase el análisis de Schiffman, *op.cit.*, p. 109.

Capítulo 2

EL MAESTRO DE JUSTICIA Y EL ORIGEN DE LA SECTA ESENIA

«Mas el justo por su fe vivirá» (Habacuc 2.4b).
La interpretación de esto se refiere
a todos los que practican la ley en la casa de Judá.
Dios los salvará en el juicio
a causa de sus sufrimientos
y de la fe en el Maestro de Justicia.
1QHab viii.1-2

Antecedentes históricos

De acuerdo con Flavio Josefo,[1] los tres grupos socio-religiosos mayores del judaísmo, desde el primer siglo a.c. hasta mediados del primer siglo d.c., eran los siguientes: los esenios, que contaban como con cuatro mil seguidores; los fariseos, con cerca de seis mil; y los saduceos, que representaban sectores menores, e incluían, cada grupo, sólo unos pocos cientos de adeptos.[2] Los esenios que vivían en Qumrán no eran muchos, en comparación a las cifras de los otros grupos; posiblemente se habían ido a vivir al desierto de Judea como unos ciento cincuenta a trescientos seguidores.[3]

En torno a este tema, indica el historiador judío:

«Entre los judíos había tres sectas filosóficas. Los secuaces de la primera son los fariseos, los de la segunda son los saduceos y los de la tercera, que tienen la reputación de una mayor santidad, reciben el nombre de esenios. Éstos son judíos de nacimiento, y los unen lazos de afecto más fuertes que los de las otras sectas.... Desprecian las riquezas y su forma de comunidad es extraordinaria».

Los esenios y los saduceos se concentraban mayormente en Jerusalén y Judea, mientras que los fariseos habitaban generalmente la región de Galilea. Los zelotes, que formaban un importante cuarto sector y grupo social, político y religioso de la época, estaban ubicados mayormente en Galilea, donde la presencia y opresión romana era mayor.[4]

Esos cuatro «partidos religiosos» —que eran más bien sectas, corrientes de pensamiento político-filosófico o grupos de acción socio-religiosa— no eran movimientos ideológicos que incentivaban actividades proselitistas y que propiciaban la aceptación abierta de nuevos adeptos. Eran, en efecto, grupos sectarios y organizaciones cerradas que regulaban cuidadosamente la admisión de nuevos aspirantes y seguidores.[5]

Los procesos de aceptación e iniciación entre los esenios, p.e., incluían algún tiempo específico de prueba, y demandaban la demostración concreta y firme de que los nuevos aspirantes dominaban las creencias básicas de la comunidad y que afirmaban las metas principales y las aspiraciones del grupo. En los documentos constitutivos del grupo esenio se incluyen también disposiciones específicas y claras de prueba y disciplina para los seguidores que no se pueden mantener ni vivir a la altura de los niveles de compromiso ético, moral, ritual y espiritual que requería la secta.

Los esenios gozaban de gran prestigio y aprecio en la comunidad judía y gentil en general.[6] Las normas, los criterios y los procesos de incorporación a la secta están articulados en varios manuscritos de la época que han llegado hasta nuestros días. La percepción de que los esenios eran un grupo extraño y rechazado, posiblemente se relaciona con el silencio del Nuevo Testamento en torno a su presencia, actividades y doctrinas en los tiempos de Jesús; mientras que a los otros grupos judíos importantes de la época se les brinda espacios considerables (p.e., a los fariseos y saduceos).

El origen histórico de los esenios se relaciona posiblemente con el desarrollo del período de helenización que arropó Palestina a principios del siglo segundo a.C. Hasta esa época, el judaísmo palestino mostraba alguna continuidad e inclusive manifestaba cierto grado de homogeneidad: su centro cúltico y político estaba en Jerusalén, y los sacrificios del Templo junto a las dinámicas relacionadas con los sacrificios constituían el corazón de la experiencia religiosa. Los sacerdotes y los levitas hacían cumplir las antiguas leyes bíblicas y oficiaban regularmente en las festividades religiosas; y el sumo sacerdote, que provenía del linaje de Zadok, estaba en la cúspide del poder nacional, y en muchas ocasiones actuaba de forma independiente de la potencia extranjera que dominaba la región palestina y sus alrededores (p.e., los imperios persa, tolomeo o seléucida).

Sin embargo, a raíz del proceso de helenización que arropó el mundo antiguo, con la llegada de Alejandro el Grande y específicamente con la implantación del programa agresivo de modernización que se puso de manifiesto en toda la región de

Judea, los grupos religiosos y políticos judíos reaccionaron de diversas formas. Con el tiempo, se manifestaron actitudes variadas y hasta reacciones antagónicas ante lo helénico, y se desarrollaron paulatinamente los grupos políticos, sociales, religiosos e ideológicos a los que alude Josefo[7] en sus escritos.

Esa dinámica vigorosa y agresiva de helenización intentaba transformar culturalmente las comunidades judías en la Palestina antigua.[8] Las influencias griegas, con sus filosofías, prácticas y formas de enfrentar la vida, eran presentadas como ejemplares, y dignas de imitar e implantar. ¡La modernización había llegado! ¡Una nueva era de cambios sustanciales y extraordinarios amenazaba la subsistencia de las tradiciones judías! ¡Un período novel de encuentros y choques culturales enfrentaba y afectaba al judaísmo!

El proceso de implantación de la cultura helenística fue sistemático, y las dinámicas de rechazo de sus corrientes culturales foráneas fueron dinámicas y, en momentos, agresivas. Las nuevas filosofías extranjeras y la cultura griega afectaron toda la comunidad judía, desde los que vivían en ciudades pequeñas y alejadas hasta los que estaban en Jerusalén, que era el centro indiscutible de su vida religiosa, social y política del judaísmo.

La helenización que se manifestó de forma sistemática en Palestina afectó adversamente las actividades básicas y las creencias fundamentales de la religión judía. La meta de la educación helenística era la filosofía, las virtudes masculinas y el éxito atlético, que sustituyeron paulatinamente los valores morales y éticos de la religión judía, y suplantaron con el tiempo los principios espirituales del monoteísmo judío. En efecto, las prioridades de la pedagogía judía no se ponen de manifiesto en la enseñanza de la filosofía griega foránea.

Ese proceso de helenización necesitaba un vocero oficial, un ejecutivo interno, una infraestructura administrativa que propiciara leyes y creara dinámicas políticas y militares que pudieran sostener y avanzar las transformaciones radicales que se requerían. Posiblemente la ascensión al trono del rey Antíoco IV Epífanes, en el 175 a.C., cumplió con esas aspiraciones y le dio al proceso de helenización el impulso oficial, militar y legal que necesitaba.

Los judíos que ya estaban inmersos en la helenización vieron en la llegada del nuevo rey una oportunidad extraordinaria para implantar de forma aún más agresiva sus reformas nacionales. Las influencias griegas en Palestina aumentaron considerablemente, y los sectores de oposición y resistencia incrementaron, y, con el tiempo, se organizaron.

Como parte del proceso de implantación de las nuevas políticas oficiales, exiliaron al sumo sacerdote, Onías III, que fue sustituido por su hermano, Jasón,[9] quien era un admirador y seguidor de las directrices helenísticas de la administración de Antíoco IV Epífanes. Además, a una sección de Jerusalén se le cambió el nombre a Antioquía, y se construyó un gimnasio al lado del Templo. Ese nuevo estilo de vida helénico requería que los gladiadores lucharan casi desnudos, y alteró adversamente los programas regulares de sacrificios del Templo de Jerusalén (véase 1 Macabeos 1.11-15; 2 Macabeos 4.7-17).

En el 172 a.C., Jasón le «vendió»—¡o le «cedió»!— ilegalmente la oficina del sumo sacerdocio a un simple sacerdote de la familia de Bilga, que adoptó, posiblemente como una afirmación de su nueva política administrativa, el nombre griego de Menelao. Para continuar con los procesos rápidos de modernización, y también para eliminar los inconvenientes y el potencial de rebelión, en el 170 a.C., el nuevo sumo sacerdote ordenó el asesinato de Onías III, que estaba exiliado en el santuario sirio de Dafne.[10] Además, permitió, en el 169 a.C., que Antíoco IV Epífanes despojara el Templo de Jerusalén de sus tesoros importantes y de sus artículos de valor. ¡Su apoyo a las reformas griegas no era sólo de corte filosófico sino económico, político y militar!

En el 168 a.C., Menelao aprobó una serie inusitada de nuevas leyes que herían mortalmente, una vez más, la sensibilidad espiritual de la comunidad judía y alteraban adversamente el orden social y los valores religiosos del pueblo. Entre las normas legales noveles que requerían la pena de muerte se incluían: participar del culto regular en el Templo, según estaba estipulado en la Ley de Moisés; practicar la circuncisión de infantes de acuerdo con la tradición judía; y observar el día de reposo, el sábado, como estaba prescrito en la Ley.

Finalmente, la adoración a Yahvé, el tradicional Dios Santo de Israel, fue sustituida por el reconocimiento del dios griego Zeus Olímpico (168 a.C.); y el calendario solar aprobado por los sacerdotes (de 364 días) fue sustituido sumariamente por un calendario lunar pagano, de origen babilónico (de 354 días), que no incluía ninguna de las fiestas bíblicas. El día más importante del nuevo calendario no aludía a eventos de importancia histórica, política o religiosa para la comunidad judía: celebraba prioritariamente el cumpleaños de Antíoco IV, cuyo segundo nombre, Epífanes, significa «manifestación o revelación divina en la tierra».

Las nuevas leyes de Menelao se implantaron vigorosamente en toda la región palestina, con la ayuda de los sacerdotes judíos helenizados que iban de lugar en lugar invitando e incitando a la comunidad en general a incorporarse completamente al nuevo sistema de adoración y de vida (véase 1 Macabeos 1.54-64; 2 Macabeos 6.2-4, 7-11). Con la implantación de estas nuevas leyes se inició una nueva etapa de la vida política, religiosa y espiritual del pueblo judío.

La rebelión macabea

Las reacciones de los grupos judíos ante las nuevas leyes fueron variadas. La comunidades más piadosas de judíos dejaron el país, se mudaron a diversas naciones vecinas, se trasladaron a lugares remotos o, inclusive, se escondieron en cuevas del desierto de Judea. En realidad, los judíos no resistían presenciar la desacralización del Templo de Jerusalén con la adoración al dios Zeus, no aceptaban la abolición de las fiestas sagradas con un nuevo calendario y no resistían las ofensas y el rechazo a sus tradiciones ancestrales con las nueves leyes. Además, el apego y respeto a los lugares de gran significación espiritual les impedía responder positivamente a las nefastas políticas religiosas que se habían implantado.

Algunas familias judías que se trasladaron a ciudades vecinas —p.e., a Gilead, Perea y Nabatea— formaron grupos de apoyo económico, logístico y espiritual, para ayudar a los que habían quedado en Judea o habían huido a otros lugares. Diversos grupos judíos crearon movimientos de resistencia militar contra la helenización del país. Posiblemente este es el comienzo de los diferentes partidos religiosos, el inicio de los diversos grupos, sectas y movimientos socio-políticos del judaísmo que se manifestaron en Palestina por los años 200 a.C. y 150 d.C. El sector mayor que rechazó abiertamente el programa helenizador de Menelao se conocía como «hasídicos» o «piadosos».[11]

En una pequeña comunidad judía, en Modeín, una familia piadosa decidió no acatar las nuevas leyes y oponerse tenazmente al nuevo programa de helenización del país. Un sacerdote, Matatías, no aceptó las órdenes de Jerusalén y personalmente asesinó a la primera persona que mostró inclinación e interés de cumplir las nefastas e injustas leyes helenísticas. Junto a sus hijos, también conocidos como «los macabeos», se fueron al clandestinaje, y organizaron e incentivaron un muy importante movimiento armado de resistencia y rechazo contra el nuevo proyecto helénico y antijudío.[12]

Al movimiento de los macabeos se unieron miles y miles de seguidores en diversas partes del país. Y aunque algunos judíos piadosos no luchaban ni se defendían durante el día de reposo, e inclusive preferían morir masacrados e indefensos antes de responder al ataque enemigo,[13] los macabeos entendían que las leyes morales que sostenían el movimiento de resistencia, en aquel importante momento de definición histórica, eran superiores y más importantes que las leyes del sábado.

La firme resistencia macabea fue paulatinamente ganando espacio político, social y militar, hasta superar definitivamente a los ejércitos seléucidas y vencer a los combatientes helenizados. El pueblo judío reconoció la importancia y necesidad de la revolución nacionalista, y los representantes del movimiento helenizador se percataron que no podían transformar fácilmente las costumbres religiosas y las celebraciones nacionales que le dan identidad, sentido de dirección, esperanza y seguridad a un pueblo.

Finalmente los macabeos triunfaron con su revolución patriótica. En el 164 a.C., llegaron a la ciudad de Jerusalén y terminaron con la adoración al dios Zeus; pusieron fin a la apostasía helénica y finalizaron la desacralización del Templo. Y aunque Menelao se mantuvo como sumo sacerdote en Jerusalén, las políticas anti-judías cambiaron. El rey Antíoco IV Epífanes murió en Mesopotamia y le sucedió su hijo, Antíoco V Eupator (164–162 a.C.), que permitió a la comunidad judía practicar su religión y sus costumbres sin muchas restricciones y dificultades.

Menelao falleció en el 162 a.C., y los seléucidas instalaron inadecuada e ilegalmente como sumo sacerdote a otro simple sacerdote de nombre Eliakim, cuyo nombre griego era Alcimus. Los hasídicos, que se habían organizado y vivían al este del río Jordán, enviaron una comisión de paz para dialogar con Alcimus en torno al futuro culto y referente a las prácticas religiosas en el Templo de Jerusalén. Sin embargo, Alcimus mandó a matar inmisericordemente a toda la delegación, ¡como de sesenta personas!, dando inicio a una nueva etapa de dificultades y conflictos entre los judíos radicados en Jerusalén, que administraban diariamente las dinámicas religiosas del Templo, y las comunidades judías que vivían en el exilio.

El Maestro de Justicia como sumo sacerdote

Luego de la muerte de Alcimus, en el 159 a.C., la oficina del sumo sacerdote se vio involucrada en una serie compleja de cambios, transformaciones y conflictos.[14] Las fuentes históricas del período no brindan el nombre del sumo sacerdote que ofició en el Templo de Jerusalén durante los años 159–152 a.C. Y aunque varios estudiosos modernos y algunos documentos antiguos indican que en ese período no hubo sumo sacerdote, la verdad es que desde el 164 a.C. se habían reanudado los sacrificios y se habían reinstaurado las celebraciones de los festivales judíos anuales. Particularmente importante era la celebración del Día del Lamento, o Yom Kippur, que requería la insustituible participación del sumo sacerdote (Lev 16). Con el advenimiento del período de paz, luego de la victoria macabea, las celebraciones debieron haber continuado, especialmente el festival del Día de Lamento, con el liderato del incumbente sumo sacerdote.

Para la identificación adecuada del sumo sacerdote de ese período, los manuscritos descubiertos en las cuevas de Qumrán pueden venir a nuestro auxilio y arrojar alguna luz. Según las lecturas críticas de los documentos del Mar Muerto, el Maestro de Justicia fungió con gran liderato sacerdotal en Jerusalén, algún tiempo luego de la muerte de Alcimus (en el 159 a.C.), y antes de la toma de posesión de Jonatán Macabeo (en el 152 a.C.). Posiblemente sirvió como sumo sacerdote y líder máximo de la comunidad judía desde el Templo, antes de fundar y organizar los diversos grupos esenios.

Una de las evidencias más importantes en la identificación del Maestro de Justicia como sumo sacerdote se relaciona con los títulos y adjetivos que lo describen. El mismo título principal que le identifica, «Maestro de Justicia», literalmente significa «el que enseña bien», o «el que educa al pueblo de acuerdo con la Ley», que era posiblemente una forma descriptiva de aludir al sumo sacerdote y que lo identifica claramente como la autoridad doctrinal máxima en Israel. También al Maestro de Justicia se le conoce en los manuscritos de Qumrán como «Maestro Único» y «Mayor Intérprete de la Ley», que corroboran y ponen de manifiesto sus importantes responsabilidades legales, interpretativas y educativas hacia el pueblo.[15]

Junto a la evidencia onomástica—que interpreta y explica el significado de los nombres del Maestro de Justicia—los manuscritos del Qumrán también muestran que este importante líder judío reclamó el título de sumo sacerdote con legalidad, y que ejerció sus funciones con autoridad: era descendiente auténtico del linaje de Zadoc, y sirvió oficialmente en el Templo de Jerusalén, hasta que fue depuesto por Jonatán Macabeo en el 152 a.C.

Con el tiempo, el Maestro de Justicia posiblemente sufrió la misma suerte que el sumo sacerdote Onías III, que se exilió en Siria, y la de su hijo y sucesor, Onías IV, que se refugió en Egipto.[16] El Maestro de Justicia no se exilió por largo tiempo fuera de Judea ni construyó un templo judío de adoración alterna: fundó y organizó a los esenios,[17] que eran un grupo de judíos piadosos que se entendían a sí mismos como gente escogida por Dios para ser fieles a la Ley en los tiempos del fin.[18]

Origen de los esenios

Con el triunfo macabeo y el establecimiento de un tiempo de paz, Jonatán trasladó sus cuarteles militares a Michmash, como a doce kilómetros al norte de Jerusalén, pues la ciudad todavía estaba bajo control seléucida.[19] Mientras el Maestro de Justicia cumplía sus responsabilidades religiosas desde el Templo de Jerusalén, Jonatán Macabeo y su ejército le daban apoyo al rey seléucida Demetrio I Soter (162–150 a.C.), que necesitaba responder militarmente a los reclamos de poder y a las aspiraciones al trono del agresivo Alejandro Balas.

Como recompensa a esa colaboración militar, el rey seléucida permitió que Jonatán se moviera oficialmente a Jerusalén. Una vez en Jerusalén, en el otoño de 152 a.C., Jonatán destituyó al Maestro de Justicia y le despojó de sus responsabilidades oficiales de sumo sacerdote. Posteriormente, Jonatán le quitó su apoyo a Demetrio I, y se asoció a Alejandro Balas (150–145 a.C.). Con ese movimiento, Jonatán obtuvo tanto el poder militar nacional como la autoridad religiosa judía.

El Maestro de Justicia escapó de Jerusalén y de Jonatán, y encontró asilo temporero en Siria. Ya en Damasco, comenzó el proceso de organizar los grupos de apoyo que se encontraban en diversas ciudades palestinas y comunidades judías en la diáspora. Su percepción del sumo sacerdocio eterno lo relacionaba con el liderato religioso judío de forma permanente. De acuerdo con su comprensión de la responsabilidad religiosa máxima en el judaísmo, Jonatán era un usurpador que no tenía derecho alguno a cumplir con las obligaciones religiosas y los deberes cúlticos inherentes al cargo. Según esa teología, el Maestro de Justicia era el representante único y legítimo del pacto de Dios con su pueblo, pero que por la intervención ilegal de Jonatán Macabeo no podía cumplir sus responsabilidades en el Templo, pues estaba transitoriamente en el exilio.[20]

Desde su exilio en Damasco, el Maestro de Justicia comenzó el proceso de organización de la comunidad judía piadosa, con el apoyo de sacerdotes y oficiales del Templo que le acompañaban en la diáspora.[21] Las dificultades del Maestro de Justicia venían de diversos sectores: un buen grupo de exiliados no quería regresar a Jerusalén; otro sector pensaba que los sacrificios debían continuar, inclusive, sin el Maestro de Justicia; y aún otra fracción había perdido las esperanzas de restauración de las instituciones nacionales en Jerusalén. Sin embargo, el problema mayor del Maestro de Justicia era el rechazo de Jonatán Macabeo para que regresara a Jerusalén para cumplir con sus responsabilidades, aunque tenía el apoyo de grandes grupos judíos del exilio.[22]

Aún con las resistencias y adversidades que se manifestaron contra su regreso a Palestina, el Maestro de Justicia convenció a varios grupos judíos a que le acompañaran en su retorno.[23] En el proceso, otros sectores piadosos que ya vivían en Judea se le unieron. De esta forma, el Maestro de Justicia aglutinó y fundó en Palestina la organización religiosa judía más grande de la época: los esenios, cuyo nombre se puede relacionar con los conceptos y las ideas que se desprenden de palabras tales como «piedad», «sanidad» y «hacer».[24] La fundación de los esenios se llevó a efecto a los veinte años del asesinato de Onías III, alrededor del 150 a.C., en algún lugar desconocido, que ciertamente no fue la región de Judá cerca del Mar Muerto, en Qumrán.[25]

Reaccionaron adversamente al importante movimiento esenio, por lo menos, tres sectores judíos: algunos miembros del grupo de Damasco que decidieron permanecer en el exilio; un sector de los hasídicos, que eran conocidos como «fariseos» o «sismáticos»; y unos grupos que apoyaban a Jonatán Macabeo, identificados como «saduceos», por su afirmación de la importancia del linaje sacerdotal de Zadok.

De esa forma se inician tres de los grupos judíos que participaban de la vida pública en Palestina: esenios, fariseos y saduceos. Un cuarto grupo judío militar se mantuvo fiel al liderato de Jonatán, y aunque intentaba ser neutral en los conflictos religiosos judíos, se constituyeron en el brazo armado del sumo sacerdote.

Con el tiempo los diversos grupos judíos llegaron a Jerusalén y se incorporaron en la vida pública judía, aunque los esenios mantuvieron sus distancias y serias críticas a la administración del Templo.

Fundación y vida de la comunidad esenia del Mar Muerto

Luego de la fundación del gran grupo de unidad esenia, el Maestro de Justicia organizó una comunidad piadosa en Qumrán, basado en su particular análisis de los textos bíblicos, y especialmente motivado por sus lecturas e interpretaciones de Isaías 40.3. Según el Maestro de Justicia, la «preparación del camino del Señor en el desierto» no alude a ningún proceso de transformación física de la región, sino que inspira a la separación y consagración de los creyentes para «buscar el camino», que era una referencia simbólica al estudio sistemático de la Ley, una alusión figurada a la dedicación de tiempo de calidad para la aplicación de las enseñanzas bíblicas.

De acuerdo con la teoría básica del Padre de Vaux,[26] el primer momento de organización y de ocupación de la comunidad esenia de Qumrán, fue breve y modesto. Comenzó alrededor del 140 a.C., y no tuvo mucho tiempo de duración. Posteriormente, mientras Juan Hircano (134–104 a.C.) se desempeñaba como rey hasmoneo y sumo sacerdote judío, se llevaron a efecto varias construcciones importantes en las instalaciones del Mar Muerto, que delatan gran actividad literaria y crecimiento del grupo. Durante este período se copiaron varios manuscritos de importancia bíblica y doctrinal para el grupo esenio, que han sido recientemente descubiertos. Luego del terremoto del 31 a.C., las instalaciones del Qumrán fueron temporeramente abandonadas, hasta la muerte del rey Herodes (4 a.C.), que la comunidad se reorganizó nuevamente y se mantuvo activa hasta que los ejércitos romanos la destruyeron en el 68 d.C. El propósito fundamental de este grupo separado en el desierto era la reproducción de manuscritos que sustentaran las doctrinas y las políticas oficiales de los esenios.

En Qumrán se vivía para el estudio continuo y la producción literaria que apoyaba sus creencias mesiánicas y ayudaba a los grupos esenios que vivían con el resto de la comunidad en diversos lugares en Palestina. Aquilataban tanto sus manuscritos e interpretaciones, que al verse amenazados por las tropas romanas durante la revolución de los años 66–70 d.C. escondieron sus tesoros literarios en las cuevas, para impedir su destrucción o desacralización.

---

[1] Josefo, *Las guerras de los judíos*, vol. 2; 8.2; véase la traducción de Sutcliffe, *op.cit.*, p. 265; Stegemann, *op.cit.*, pp. 139–140.

[2] En esta sección explícita de la obra de Josefo, no se menciona al cuarto grupo, los zelotes, que constituyen un grupo socio-religioso y político adicional, que es generalmente caracterizado por la militancia y el nacionalismo; Sutcliffe, *op.cit.*, pp. 265–269.

[3] En la actualidad muchos eruditos piensan que las cifras dadas por Josefo eran exageradas, y que los números de seguidores de los diferentes grupos judíos eran mucho más modestos, considerablemente menores. En todo caso, sin embargo, estos escritos ponen en justa perspectiva a los esenios, en comparación con el resto de los grupos judíos de la época; demuestran, además, las simpatías que tenían los esenios en el resto de la comunidad judía.

[4] Referente a los zelotes, específicamente en el entorno de las sectas judías antiguas, véase el magnífico artículo de David Rhoads, «Zelots», *The Anchor Bible Dictionary*, Vol. 6 (New York: Doubleday, 1992, pp. 1043–1054).

[5] De acuerdo con las calculaciones del investigador y economista israelí, Arye Ban-David, en el mundo antiguo de la época, alrededor de la era cristiana, había unos 6.5 ó 7 millones de judíos. Véase sobre este asunto el análisis y las citas que se ofrece en la reveladora obra de Stegemann, *op.cit.*, p. 139.

Los números reportados de esenios pueden parecer insignificantes ante esas grandes cifras; sin embargo, no debemos ignorar que estas estadísticas de Josefo representan únicamente a los varones adultos que se afiliaban explícita y públicamente a estos grupos—p.e., no se incluían a las mujeres ni a los niños. Además, la influencia esenia en el resto de la comunidad judía, y también el gran aprecio que les tenía la sociedad en general a los grupos esenios, se ponen claramente de manifiesto en varios escritos antiguos, p.e., en las reseñas de Flavio Josefo, *op.cit.*

[6] Como se desprende de la lectura crítica y la evaluación sosegada de los escritos de Josefo, *op.cit.*

[7] Para obtener una perspectiva bíblica del judaísmo palestino luego del siglo cuarto a.C., se puede estudiar la obra cronista (1 y 2 Crónicas, Esdras y Nehemías); véase el estudio de la época que se incluye en S. Pagán, *Esdras, Nehemías y Ester. Comentario bíblico hispanoamericano* (Miami: Editorial Caribe, 1992).

[8] Seguimos aquí, generalmente, las percepciones teológicas y las reconstrucciones históricas (que en momentos, por carecer de documentación precisa, pueden tener algún nivel de especulación) de Stengemann, *op.cit.*, pp. 139–162. Otras visiones históricas e interpretaciones de la literatura de la época de este importante período de vida judío pueden encontrarse y estudiarse en las siguientes obras: J. Bright, *La historia de Israel* (Bilbao: Desclée de Brouwer, 1969); M. Noth, *Historia de Israel* (Barcelona: Ediciones Garriga, S.A., 1966); S. Hermann, *Historia de Israel en la época del Antiguo Testamento* (Salamanca: Sígueme, 1985); S. Pagán, *op.cit.*

[9] Es interesante notar que el nombre hebreo de este sacerdote era Josué o Jesús, sin embargo, prefirió cambiarlo a la forma griega, Jasón, como una manera de afirmar y destacar la cultura y los procesos helénicos.

[10] Este asesinato es fundamental en el desarrollo de la comunidad esenia, que lo entiende como el inicio de los últimos cien años de historia humana, antes del juicio final; véase Daniel 9.25-26; 11.22; 2 Macabeos 4.30-38.

[11] Aunque no se puede determinar con exactitud el número de grupos judíos activos durante este período, el estudio detallado y crítico de algunos manuscritos de Qumrán alude, posiblemente por los menos, a siete; véase, p.e., 4 QpPs a 1-10 *iv*.23-24; CD 4.2-3; 20.22-25. En torno a este asunto de los diversos grupos judíos de la época, véase también el estudio y los comentarios de Stegemann, *op.cit.*, p. 146.

[12] Referente a este fundamental e importante movimiento de resistencia revolucionaria judía, pueden leerse los importantes libros deuterocanónicos o apócrifos de los Macabeos (véanse, p.e., 1 Macabeos 2.1-28; 2 Macabeos 5.27; 8.1-7).

[13] Las milicias seléucidas conocieron esta peculiaridad religiosa del grupo piadoso, y atacaron a la resistencia judía durante el día de reposo, y masacraron un gran grupo de combatientes; véase 1 Macabeos 2.29-39.

[14] Las fuentes de información en torno a ese período no son muchas y no están del todo claras. Josefo indica que no hubo sumo sacerdote en Jerusalén por siete años (159–152 a.C.), y en los libros de los Macabeos no se indica el nombre del oficiante durante esos años. La verdad, sin embargo, es que la reconstrucción histórica de este período tiene cierto grado de especulación, aunque las guías principales y los principios básicos se fundamentan en lecturas críticas y ponderadas de los manuscritos de Qumrán. En torno a este asunto, véase la presentación detallada y el interesante análisis de Stegemann, *op.cit.*, p. 147.

[15] Al sumo sacerdote Simón se le conoce como «el Sacerdote (por excelencia)» (véase el libro deuterocanónico Sir 50.1).

EL MAESTRO DE JUSTICIA Y EL ORIGEN DE LA SECTA ESENIA

16 Este sumo sacerdote exiliado auspició la construcción de un templo en Leontópolis, Egipto. Esa edificación es extraña en la tradición y religión judía, de acuerdo con la tradición deuteronomística, que exigía lealtad absoluta al Templo de Jerusalén y fidelidad a la infraestructura religiosa judía. Ese templo judío ubicado en tierras egipcias funcionó como lugar de adoración alterna hasta que fue finalmente cerrado por las tropas romanas en el 73 d.C.

17 La etimología del nombre «esenio» se puede relacionar con *hasen* y *hasayya*, que representan en arameo la palabra hebrea *qudosim*, que significa específicamente «los santos» o «los piadosos»; véase a F.M. Cross, *op.cit.*, pp. 24–25. Interpretaciones alternas a este análisis etimológico se pueden encontrar en: A. Dupont-Sommer, *The Jewish Sect of Qumran and the Essenes* (London: Vellentine, Mitchel, 1955).

18 Stegemann, *op.cit.*, pp. 147–148.

19 Una nota interesante de la victoria final de Jonatán Macabeo en Jerusalén se relaciona directamente con el apoyo militar que recibió de dos tribus beduinas que vivían en el desierto de Judea. Una de esas tribus se relaciona con el grupo *Odomera*, que constituyen los antepasados directos de la tribu Ta'amireh, que en la actualidad viven en la misma región desértica, y que desde 1947 al 1959 participaron destacadamente en los descubrimientos de los manuscritos del Mar Muerto (1 Mac 9.66). En torno a este asunto, véase, particularmente, a Stegemann, *op.cit.*, pp. 148–149.

20 Referente a esta autopercepción del Maestro de Justicia, pueden estudiarse los siguientes documentos de Qumrán: 1QH 2.21-22, 28; 4.23-25; 5.8-9, 23; 7.6-10, 18-25.

21 En su exilio, el Maestro de Justicia recibía delegaciones de judíos exiliados e, inclusive, visitó grupos que manifestaban dificultades con su liderato, p.e., los hasídicos que vivían al este del Jordán.

22 Una reacción de Jonatán a la comunicación del Maestro de Justicia y su deseo de retornar a Jerusalén fue un intento abortivo de asesinato, que se pone de manifiesto en varios de los documentos y manuscritos de Qumrán; p.e., 4 QpPs a 1-10 *iv*.7-9; 1QpHab 11.2-8.

23 Algunos eruditos, fundamentados en lecturas críticas de los manuscritos, indican que el Maestro de Justicia logró mover como a siete grupos para que le acompañaran; 4QpPs a 1-10 *iv*.23-24. Véase a Stegemann, *op.cit.*, p. 150.

24 Véase a VanderKam, *op.cit.*, pp. 91–92.

25 La organización interna del grupo esenio era piramidal: la autoridad máxima era el sumo sacerdote o Maestro de Justicia, que tenía el apoyo continuo de un grupo de sacerdotes de la familia de Zadok; Stegemann, *op.cit.*, pp. 151–153.

26 Véase su obra fundamental, de Vaux, *op.cit.* y las interpretaciones de sus teorías en VanderKam, *op.cit.*, pp. 12–14.

Capítulo 3

DIOS EN QUMRÁN

*Bendito seas, Señor mío,
que abres el corazón de tu siervo
para el conocimiento.
Consolida todas sus obras de justicia,
concede al hijo de tu sierva,
como te es grato conceder a tus elegidos
el conservarte siempre en tu presencia,
porque lejos de ti no hay camino perfecto,
sin tu beneplácito nada es posible hacer.*
1QS xi.15b-17a

Fundamentos teológicos

Las convicciones éticas, los principios morales y las creencias religiosas del grupo esenio que vivía en Qumrán se fundamentaban en interpretaciones de la Biblia, específicamente se basaban en el estudio y análisis de la Ley de Moisés, la Torá o el Pentateuco.[1] En el Mar Muerto se vivía continuamente en un ambiente de piedad,[2] oración, meditación, estudio, reflexión y trabajo sobre las Escrituras, que no obviaba ninguna oportunidad ni desperdiciaba esfuerzo alguno para incentivar y propiciar que se cumplieran fielmente las disposiciones y enseñanzas escriturales. Los esenios del desierto de Judea deseaban comprender el significado profundo y adecuado de la Ley divina, para no violar, de ninguna forma consciente o inconsciente, sus valores, principios y prescripciones. En efecto, estaban seriamente comprometidos en hacer lo bueno y recto delante de Dios, según los mandamientos dados a Moisés y a sus siervos los profetas.

El mundo de las creencias religiosas y el universo de los valores teológicos en la comunidad de Qumrán se ponen de manifiesto en los manuscritos descubiertos en el Mar Muerto, y se pueden identificar de las lecturas continuas que el grupo hacía de las Escrituras Hebreas.[3] Ese particular sistema teológico informaba sus decisiones y fundamentaba sus estilos de vida y comportamiento diario. Y aunque la teología que se manifestaba en la comunidad de Qumrán tenía muchos elementos en común con otras vertientes del judaísmo antiguo, del análisis de sus documentos sectarios se desprenden varias ideas teológicas particulares y se revelan algunas tendencias específicas del grupo.[4]

Los presupuestos ideológicos que sirven de base a la teología en Qumrán, se relacionan íntimamente con varias convicciones y creencias básicas, particularmente se desprenden de tres percepciones que se ponen claramente en evidencia en los manuscritos: la seguridad plena de que la comunidad vivía el tiempo del fin, para el cual los qumramitas debían preparase y separarse del resto de la sociedad judía; el entendimiento absoluto de que debían estudiar continua e intensamente la Ley de Moisés, para cumplir fielmente con sus mandamientos; y, finalmente, la convicción clara de que el Maestro de Justicia era el intérprete óptimo de las profecías bíblicas y de las enseñanzas mosaicas.[5]

La teología en Qumrán, aunque se basaba en las lecturas continuas y los estudios sistemáticos de la Biblia Hebrea, muestra identidad propia, revela particularidades específicas. El tipo de exégesis y las metodologías de estudio que se llevaban a efecto, y que tomaban en consideración los presupuestos filosóficos de la comunidad esenia que vivía en el Mar Muerto, se ponen de manifiesto en sus himnos, comentarios bíblicos y documentos sectarios.[6] Las ideas centrales que se revelan en esos escritos, p.e., Dios, la alianza o pacto, el dualismo o el mesianismo,[7] revelan peculiaridades teológicas que se relacionan específicamente con el grupo que siguió las enseñanzas y las directrices teológicas del Maestro de Justicia.

El Dios trascendente

Una característica teológica y literaria particular del judaísmo post-exílico es su concepto del Dios transcendente. Se piensa que la divinidad es suprema, exaltada, extraordinaria, elevada, distante. Ese importante concepto de Dios se desarrolló hasta articular un discurso religioso que alejaba al Señor de las vivencias diarias de la humanidad. Se manifestó un sentido extraordinario de respeto y distancia, que creó una brecha entre la humanidad y Dios.

Esa percepción teológica de absoluto respeto y lejanía se revela de forma concreta en el judaísmo en la actitud piadosa de evitar el uso del personal nombre divino en escritos y discursos. En sustitución del nombre divino personal, Yahvé, la comunidad judía comenzó a utilizar, para referirse a Dios, una serie de expresiones evasivas y descriptivas, como «El Señor», «El Nombre» o «La Presencia». En esas afirmaciones se ponía de manifiesto un sentido de respeto extraordinario hacia Dios, una percepción trascendente y lejana de la divinidad, una particular comprensión de distancia divina.

Ese concepto de Dios especial y trascendente también se descubre claramente y se manifiesta con fuerza en el contenido de los manuscritos descubiertos en Qumrán. Yahvé, el nombre personal de Dios, no se encuentra explícitamente en los documentos extrabíblicos editados, y en varios comentarios escriturales la grafía del nombre divino se hace en caracteres antiguos.[8] Esa peculiaridad lingüística posiblemente pone de relieve y enfatiza la naturaleza extraordinaria del nombre divino, y destaca su especial significación teológica y espiritual, que no se descubre ni se revela en ningún otro nombre. Es una manera gráfica de enfatizar el carácter único de Dios, una forma física de hacer una declaración teológica implícita:[9] el Dios de los esenios es trascendente, especial, único y extraordinario.

Esa característica divina se pone especialmente de relieve en los textos de doctrinas, alabanzas y salmos. En esa literatura, Dios es glorioso, grande, poderoso, sublime, eterno, misterioso, ilimitado, sabio, fiel, bondadoso, justo, fuerte, omnipotente y omnisciente. Esos principios teológicos y esas descripciones de la naturaleza divina se revelan entre otros, en los siguientes fragmentos de los manuscritos:

> «Nadie puede percibir todos tus santos designios,
> contemplar tus misterios profundos,
> comprender tus maravillas,
> y la fuerza de tu poder.
> ¿Quién podría soportar tu gloria?
> ¿Qué viene a ser, pues, este hijo del hombre
> entre tus obras maravillosas?» (1QS *xi*.18b-20).

> «Sólo tú eres glorioso sin límites,
> estás más allá de toda medida;
> tu sabiduría, tu fidelidad, son infinitas» (1QH *ix*.16-17).

> «Mi alma se complace en la abundancia de tu bondad.
> Yo sé que tu boca pronuncia la misma palabra.
> Tu mano ejerce la misma justicia
> y tu pensamiento se extiende a todo lo conocido»
> (1QH *xi*.7-8a).

Esas declaraciones teológicas liberan a la divinidad de la dependencia y de la voluntad humana. Al presentar a Dios en esos términos tan extraordinarios, se pone un límite a la creatividad humana y se enfatiza lo particular y sublime de la divinidad.

Desde esta perspectiva teológica, el Dios de Qumrán sobrepasa los límites del conocimiento y excede la capacidad humana para entenderlo, contenerlo y dominarlo. Esa teología de la trascendencia de Dios es, en efecto, el fundamento básico del estilo de vida que se afirmaba en la comunidad del Mar Muerto. Ese Dios tan extraordinario requería decisiones radicales de su pueblo; particularmente demandaba actitudes de sacrificio de las personas que deseaban vivir conforme a las expectativas mesiánicas de los esenios.

El propósito fundamental de la creación, de la naturaleza, de la humanidad, visto desde esa importante perspectiva teológica, es poner de manifiesto la gloria de Dios, subrayar la capacidad divina de intervenir en medio de la historia para revelar su voluntad y enfatizar su naturaleza excelsa. En este sentido, los manuscritos del Mar Muerto comparten las tendencias teológicas del Antiguo Testamento: Dios no se manifiesta en la historia por el capricho humano ni interviene en la vida para responder a superficialidades; la divinidad bíblica actúa de forma liberadora para revelar su gloria y amor, para manifestar su poder y honor, para mostrar su misericordia y voluntad, para afirmar la inviolabilidad de su naturaleza y su ser.

El ser humano, aunque lo desee o lo intente, no puede manipular la voluntad del Señor, pues lo que Dios ha ordenado es absoluto, decidido y firme. En ese particular sentido teológico, el propósito básico de la creación no es presentar la naturaleza humana y revelar sus fragilidades, sino destacar la gloria divina, enfatizar su poder en el mundo y afirmar su naturaleza santa y especial. De acuerdo con los salmos e himnos de la comunidad, Dios extendió los cielos, reveló la Ley y fundó la congregación para su gloria (1QH *i*.9-10, *x*.12, *vi*.10). En Qumrán se entendía claramente que el Señor tenía la capacidad y el deseo de intervenir en medio de la historia humana «por amor a su nombre», para utilizar una frase del profeta Ezequiel (Ezequiel 36.22).

El Dios creador

El Dios que revela su gloria a la humanidad es creador. Todo lo que existe es resultado de esa acción extraordinaria, y la naturaleza entera manifiesta el poder creador del Señor. Esa teología de la creación, que en Qumrán se mantiene en la tradición de la Biblia Hebrea, no incluye relatos mitológicos de lucha de divinidades para revelar su poder. En los manuscritos de Qumrán se aceptan sin reproches los principios teológicos de la creación, que nacen en los relatos de la Biblia, particularmente en la narraciones del Génesis: El Dios de las Sagradas Escrituras creó a la humanidad y al mundo mediante la acción de su palabra, como una manifestación extraordinaria y específica de su poder. Esos actos maravillosos de creación ponen en evidencia su soberanía, su poder absoluto sobre el mundo.

Los autores de los salmos y los adoradores que cantaban los himnos que se incluyen en los manuscritos revelan esa singular teología de la creación. En sus alabanzas, reconocían el poder creador de Dios, que es manantial de vida que revela su gloria y su justicia, a la vez que manifiesta su misericordia.

«Bendito seas, Señor, autor del universo,
manantial de vida, poderoso en las obras.
¡Tuyo es el multiplicarse de la creación!
Gracias porque has decidido usar conmigo de benevolencia
y favorecerme con la cosecha de tu misericordia
y con la riqueza de tu gloria.
Sólo a ti pertenece la justicia,
pues tú eres el que sin esfuerzo haces todo» (1QH *xvi*.8-9).

Esa teología de la creación, que es cónsona con lo que se revela en la Escrituras Sagradas (p.e., Sal 139), manifiesta desarrollo ideológico en algunas áreas, particularmente en lo que respecta a lo predeterminado y fijo de la historia. Según algunos textos de Qumrán, los movimientos de la naturaleza, la humanidad y los individuos están determinados y fijados desde el momento mismo de la creación. La historia tiene su movimiento, pero sigue fielmente las directrices específicas que Dios dispuso desde el momento de la creación.

Las siguientes porciones de los manuscritos ponen en evidencia esa importante y reveladora convicción:[10]

«Del Dios de los conocimientos viene todo lo que es y todo lo que será, e incluso antes de que nada existiese él les había fijado un destino para que viviesen de acuerdo con su plan glorioso sin cambiar nada, realizando todos sus proyectos» (1QS *iii*15b-16).

«La medida de sus signos (del Zodiaco)
con toda su influencia
se suceden en el orden que Dios mismo les ha dado.
Dan testimonio de los que es y de lo que será.
No tienen fin. Sin ese decir (de Dios) no hay nada.
Dios, que todo lo sabe, lo estableció» (1QH *xii*.9-11a).

Según estos escritos, Dios está en control absoluto de la historia y de los movimientos de la humanidad. El Señor estableció el plan y su influencia se manifiesta para que se cumplan sus designios gloriosos, sin cambiar nada. Y ese buen orden divino se observa también en la forma sabia y ordenada en que se mueve el universo y el cosmos, particularmente en los ciclos lunares y solares, en la sucesión de los días y las noches, en la ubicación de las estrellas del cielo y los movimientos de los vientos, y en la manifestación de las fuerzas de la naturaleza. De acuerdo con los manuscritos de Qumrán, esos ciclos, dinámicas, ubicaciones y movimientos se establecieron en el momento específico de la creación (p.e., 1QH *i*.14,19; *ii*.17; *x*.22; *xi*.34; *xv*.14, 19, 22).

Esa particular teología, que relaciona la creación divina con su voluntad, el orden de la naturaleza y los fenómenos atmosféricos, se pone en evidencia en un particular salmo, un pasaje de extraordinaria y singular belleza poética, descubierto en la primera cueva de Qumrán:[11]

«En tu sabiduría cimentaste las generaciones eternas.
Aun antes de crearlas, conocías ya sus obras desde la eternidad.
Porque todo se hace según tu beneplácito
y nada se puede conocer sin tu voluntad.
Todo espíritu salió de tus manos.
Tu hiciste brotar el germen de vida.
Le marcaste su camino y un sendero para todas sus acciones.
Extendiste los cielos para tu gloria.
Creaste cada ser según tu agrado,
los espíritus poderosos sujetos a sus normas.
Antes que vinieran a ser mensajeros de santidad,
espíritus eternos en su dominio,
los iluminaste según tu misterio.
Las estrellas tienen cada una su sendero
y los vientos sus ímpetus arrebatados;
los relámpagos cruzan vertiginosos el cielo.

Cada cual tiene su camino.
Tú creaste la tierra como un monumento.
El mar, los abismos, lo que en ellos existe,
tú los has sacado de la nada para mostrar tu abundancia.
Tú estás en todo.
Lo edificaste todo según tu voluntad» (1QH *i*.7-15).

Otro salmo descubierto en las cuevas de Qumrán evidencia esa teología de la creación y de la soberanía divina:[12]
«Está en tus manos todo lo que existe:
la tierra y todo lo que contiene,
los mares con lo que bulle en sus abismos.
Los tienes bajo tus ojos perpetuamente,
pues los has establecido desde antes de la eternidad.
Las obras describen tu gloria,
resaltan tu poder,
porque les has hecho ver
lo que nadie antes había visto,
creando cosas nuevas,
cambiando lo que había antes,
instaurando lo que será eterno» (1QH *xiii*.9-13).

Esas afirmaciones teológicas son indispensables para la comunidad esenia de Qumrán por, entre otras, una razón fundamental: el orden de la naturaleza y el movimiento de los astros determinan las estaciones del año, que a su vez regulan las festividades religiosas. Para este grupo esenio, todo lo que se relacionara con el calendario religioso era importante. Como el grupo no estaba relacionado con la infraestructura sacerdotal del Templo de Jerusalén, pero deseaban cumplir las estipulaciones religiosas y legales de Moisés, debían estar particularmente atentos a las estaciones del año, para cumplir fielmente con las disposiciones de las fiestas sagradas del pueblo judío. La organización de estas celebraciones no podía ser cambiada por las decisiones humanas, pues estaba estipulada por Dios desde la creación misma del mundo (1 QM *x*.8b-16).[13]

El Dios de la historia

La teología de la creación que se manifiesta en Qumrán tiene implicaciones inmediatas en otras creencias y prácticas del grupo esenio. De acuerdo con las Escrituras Hebreas, el Dios creador y soberano tiene la capacidad y el deseo de intervenir en medio de la historia. Esa comprensión teológica, que se puede fundamentar en el libro del Deuteronomio, se revela claramente en la introducción del Documento de Damasco, que sirve como una especie de constitución o un documento constitutivo entre los esenios.

«Oíd ahora todos los que conocéis la justicia
y comprendéis las obras de Dios.
Él abre proceso contra toda carne
y fulmina condenación contra todos los que lo desprecian.
A causa de la infidelidad que habían cometido al abandonarlo,
él los entregó a la muerte por el filo de la espada;
pero acordándose del pacto que había hecho con los antiguos,
preservó un resto para Israel
y no lo entregó a la destrucción» (CD *i*.1-5).

En ese importante pasaje, se comenta parte de la historia del pueblo de Israel de acuerdo con sus fidelidades e infidelidades. Es una especie de teología de la historia que subraya la capacidad divina de manifestarse en el mundo y revela el fundamento de esa revelación: la iniciativa divina de evitar la destrucción de su pueblo y la aniquilación de su creación se basa en su naturaleza santa y en su soberanía. En efecto, la preservación del remanente o resto de Israel es el resultado inmediato de la soberanía de Dios, no de las acciones ni del esfuerzo del pueblo, ni tampoco de la manifestación de algún nivel de fidelidad a los estatutos divinos o lealtad al pacto.

Para los esenios de Qumrán, esas acciones divinas constituyen una especie de misterio, según se revela en los manuscritos del Mar Muerto. El plan divino para la naturaleza, la historia y la humanidad es en esencia un misterio, una especie de secreto divino que requiere algún tipo de revelación particular para ser descifrado.

Tanto la creación del cosmos como el dominio sobre la maldad son parte de ese particular misterio de Dios, que será comprendido en el momento adecuado de la manifestación divina. En ese sentido, el Maestro de Justicia juega un papel protagónico en la comunidad esenia, pues Dios mismo le ha revelado todos los secretos contenidos en los mensajes de «sus siervos los profetas» (1QH *i*.21).[14] El secreto de Dios se hace comprensible mediante la intervención del Maestro de Justicia, el misterio divino se aclara con las interpretaciones y explicaciones del líder máximo de la comunidad.

En los documentos del Mar Muerto se afirma en repetidas ocasiones que junto al misterio divino se revela también su justicia y rectitud. Particularmente contra los que se le oponen y los infieles, Dios se manifiesta como juez severo y firme (1QH *v*.4; *vi*.4; *vii*.12). Sin embargo, esa manifestación firme y decidida del juicio y la ira divina no impide en nada la demostración concreta de su perdón, misericordia, compasión y amor.

En Qumrán, el juicio divino se convierte, desde esa perspectiva teológica, en una oportunidad educativa, una posibilidad de salvación. En los rollos se manifiesta claramente el deseo divino de corregir a su pueblo en los caminos de la justicia, para finalmente revelarles sus misterios. Según los documentos estudiados, la justicia divina se relaciona con su misericordia y amor, para producir el ambiente educativo, necesario y propicio para la manifestación plena y transformadora del perdón.

Varios pasajes de los salmos e himnos de gratitud ponen de manifiesto esas particularidades teológicas:

> «Tu gloria resplandece en tu cólera,
> en tus juicios que son castigos,
> (como también) en tu bondad,
> en la inmensidad de tus perdones.
> Tu compasión es para todos los hijos de tu amor.
> Por eso los instruyen en tus secretos,
> los haces instruidos en tus maravillosos designios»
> (1QH *xi*.8b-9).

> «Me consolaré de las murmuraciones del pueblo
> y del tumulto de los poderosos
> cuando se asocien contra mí,

porque bien sé que pronto levantarás a los sobrevivientes de
tu pueblo
y al resto de tu herencia;
los purificarás para que vivan sin culpa» (1QH *vi*.7b-8).

Un cántico final de auxilio divino pone en inconfundible evidencia esa teología misericordiosa, que une el juicio divino con la manifestación extraordinaria de su amor y perdón. Es una oración de reconocimiento de culpa, una plegaria de aceptación de humanidad, un clamor que entiende la fragilidad humana; también es una afirmación de fe, una gran declaración de seguridad y esperanza:

«En cuanto a mí, si yo vacilo, sus gracias vienen en mi socorro;
si tropiezo a causa de mi carne de pecado,
mi juicio será establecido según la justicia de Dios:
él triunfará.
Si la angustia invade mi alma,
él la librará del pozo
y conducirá mis pasos por el camino recto.
Me hará prisionero con sus misericordias,
Conducirá mi juicio con benevolencia.
Según la verdad de mi justicia,
según la extensión de su bondad,
perdona todas mis faltas.
En su justicia purificará de toda mancha al hombre,
a fin de que alabe a Yahvé y al altísimo por su majestad»
(1QS *xi*.11b-15a).

---

[1] En torno a la teología de los qumramitas se pueden estudiar varias obras de importancia, entre las que se encuentran: H. Ringgren, *The Faith of Qumran* (Philadelphia: Fortress, 1963); K. Schubert, *La comunidad del Mar Muerto: Sus orígenes y enseñanzas* (México: Unión Tipográfica Editorial Hispano Americana, 1961); M. Delcor y F. García Martínez, *Introducción a la literatura esenia de Qumrán* (Madrid: Cristiandad, 1982); y J. Pouilly, *Los manuscritos del Mar Muerto y la comunidad de Qumrán* (Estella [Navarra]: Verbo Divino, 1980). Además, se han tomado particularmente en consideración las presentaciones e interpretaciones de las ideas religiosas y los resúmenes teológicos que se incluyen en los libros de VanderKam, *op.cit.* y de Stegemann, *op.cit.* Sin embargo, seguimos en nuestra presentación la estructura teológica que se incluye en la obra de Ringgren, *op.cit.*

² El Manual de Guerra (1QM) indica que se preparaban para la batalla definitiva y final de los hijos de la luz contra los hijos de las tinieblas; esa guerra escatológica, inclusive, era interpretada como un tipo de experiencia cúltica, para la cual debían prepararse ritual y militarmente.

³ Seguimos en este análisis, prioritariamente, el importante estudio de Ringgren, *op.cit.*, aunque revisamos sus conclusiones a la luz de investigaciones posteriores y en relación con las nuevas lecturas e interpretaciones de los documentos.

⁴ Ringgren, *op.cit.*, pp. 47-50.

⁵ VanderKam, *op.cit.*, pp. 108-109.

⁶ Una obra clásica que estudia de forma sistemática la metodología exegética en Qumrán es la de F.F. Bruce, *Biblical Exegesis in the Qumran Texts* (Grand Rapids: Eerdmans, 1959).

⁷ Para una introducción sencilla, breve y clara del mundo teológico y conceptual de Qumrán, además de las obras previamente citadas, véase a J. Pouilly, *op.cit.*, pp. 47-62.

⁸ En los comentarios teológicos y exegéticos a los libros proféticos de Habacuc y Miqueas descubiertos en Qumrán, el nombre divino se escribe con caracteres semíticos antiguos, al igual que el nombre «El» en los Salmos de Acción de Gracias; véase, p.e., a Ringgren, *op.cit.*, pp. 47-48; y a M. Delcor, «Des diverses manieres d'écrite le tetragramme sacré dans les anciens documents hébraiques», *RHR* 147 (1955), pp. 145-173.

⁹ Ese estilo literario y teológico se pone de manifiesto también en el Manual de Disciplina (1QS *viii*.14; 1QS *ii*.15).

¹⁰ Esta teología de predestinación, que revela la influencia babilónica y persa, se manifiesta también en el manuscrito que describe la extraordinaria guerra de los hijos de la luz contra los hijos de las tinieblas (1QM) y en el de los himnos de acción de gracias descubiertos en Qumrán, en alguna literatura seudoepígrafa (p.e., Jubileos 5.13f; 1 Enoc 81.3), y en los apocalipsis judíos.

¹¹ Aunque la primera sección de la columna está bastante deteriorada, del contexto del salmo y de su lectura crítica se pone claramente de manifiesto la teología y el contexto literario del escrito. El texto posiblemente alude a una antigua doctrina judía que indicaba que Dios dispuso a un grupo de espíritus para gobernar los elementos y los fenómenos naturales, de acuerdo con la voluntad divina y según sus preceptos. Esta creencia, entre otros escritos antiguos, se incluye en el libro de Enoc; Ringgren, *op.cit.*, pp. 56-57.

¹² Respecto a otros pasajes en Qumrán que ponen en evidencia esta teología, véase el interesante artículo de J. Licht, «The Doctrine of the Thanksgiving Scroll», *IEJ* 6 (1956), p. 9.

¹³ Este pasaje del Manual de Guerra (1QM) ha sido comparado al discurso de Pablo en el Aerópago de Atenas (Hechos 17.26), pues utilizan ideas similares para presentar la capacidad divina de intervenir en la historia humana; Ringgren, *op.cit.*, pp. 58-59.

¹⁴ La idea del misterio de Dios que se manifiesta en Qumrán se incluye en varias ocasiones en la literatura neotestamentaria, particularmente en los escritos relacionados con el apóstol Pablo (Romanos 16.25-27; 1 Corintios 2.6-16; 10; Efesios 3.3-9). Según la teología cristiana,

EL MISTERIO REVELADO

el misterio de Dios es revelado mediante la manifestación de la sabiduría del Espíritu Santo en la vida de los creyentes; en Qumrán, sin embargo, es la intervención precisa del Maestro de Justicia la que trae la comprensión del secreto de Dios a la comunidad. J. Allegro, *op.cit.*, pp. 130-133.

Capítulo 4

DUALISMO Y ESCATOLOGÍA EN QUMRÁN

*Pero el Dios de Israel, con su ángel de verdad,
viene en auxilio de todos los hijos de la luz.
Él creó los espíritus de la luz
y los espíritus de las tinieblas;
con esto se propone toda obra y toda acción.
A uno solo de éstos Dios ama por todos los siglos
y todas sus acciones le agradarán para siempre.
Los consejos de los espíritus los detesta
y abomina sus caminos para siempre.*
1QS *iii*.15b-*iv*.1

Dualismo

De la firme teología que postula a Dios como creador y basados en la absoluta afirmación de la soberanía divina se desprenden varias creencias religiosas y se articulan algunos postulados filosóficos[1] de importancia, que afectaron considerablemente el mundo de las ideas de los grupos esenios y particularmente moldearon la vida diaria de la comunidad qumramita. Como percibían a Dios como la fuerza absoluta que tenía el poder y la voluntad de crear y mover el mundo, el cosmos, la historia y la humanidad, en el análisis último y en la reflexión final, esa teología monoteísta radical genera la convicción de que tanto el bien como el mal emanan de la misma fuente divina.

En el Mar Muerto se entendía, basados en esa teología, que Dios creó dos espíritus que determinaban el curso de la naturaleza, dirigían los desafíos de las naciones y gobernaban el destino de las personas. Se desarrolló, en efecto, un claro particular dualismo teológico, que se manifestaba en diversas esferas de la vida de la comunidad: el espíritu del bien y el espíritu del mal luchaban continuamente para influenciar a la gente y afectar el mundo.[2] Y como el conocimiento y la autoridad provienen de Dios, la humanidad entera está a merced de esa titánica lucha ética y espiritual, que tiene repercusiones concretas en el comportamiento diario y el destino eterno de los miembros de la comunidad.

Aunque son varios los manuscritos que presentan esa teoría dualista con claridad, posiblemente un ejemplo elocuente y claro de esas percepciones religiosas y afirmaciones teológicas se incluye en el Manual de Disciplina (1QS),[3] que por su naturaleza juega un papel principal entre los manuscritos que nos permiten analizar y comprender las teologías y prácticas de la comunidad. En este fundamental documento doctrinal, teológico y práctico se articulan no sólo las convicciones referente a la teología de los dos espíritus, sino que se presentan las consecuencias de sus acciones sobre los seres humanos.

Citaremos varias secciones narrativas del manuscrito del Manual con cierta extensión, por varias razones: naturaleza legal y constitucional del escrito, claridad en la presentación de las ideas en torno a la teología del dualismo, e importancia teológica que merecen sus enseñanzas y convicciones:

> «Del Dios de los conocimientos viene todo lo que es y todo lo que será, e incluso antes de que nada existiese él les había fijado un destino para que viviesen de acuerdo con su plan glorioso sin cambiar nada, realizando todos sus proyectos.
> En sus manos se encuentran todos los seres, todas las disposiciones. Él se ocupa de todas las cosas. Él fue el que creó al hombre para dominar el mundo y puso a su lado los dos espíritus para que lo conduzcan hasta el momento de la visita: son los espíritus de verdad e iniquidad.
> De la fuente de la certidumbre proceden las generaciones de la verdad y de la fuente de las tinieblas las generaciones de la iniquidad.
> En las manos del príncipe de las luces se encuentra el gobierno de los hijos de la justicia. Ellos caminarán por los caminos de la luz.
> En las manos del ángel de las tinieblas se encuentra todo el gobierno de los hijos de la iniquidad. Ellos caminarán por los caminos de las tinieblas.
> Al ángel de las tinieblas son debidos todos los extravíos de los hijos de la justicia; todos sus pecados, todas sus obras culpables, se deben a su poder.
> Está en los misterios de Dios cuándo esto llegará a su término, pero entre tanto todas las pruebas y todas las opresiones son efecto de la persecución del ángel de las tinieblas. Listos están los espíritus de su partido para hacer caer a los hijos de la luz.
> Pero el Dios de Israel, con su ángel de verdad, viene en auxilio de todos los hijos de la luz. Él creó los espíritus de la luz y los espíritus de las tinieblas; con esto se propone toda obra y toda acción. A uno sólo de éstos Dios ama por todos los siglos y todas sus acciones le agradarán para siempre. Los consejos de los espíritus los detesta y abomina sus caminos para siempre» (1QS *iii*.15b-*iv*.1).

DUALISMO Y ESCATOLOGÍA EN QUMRÁN

De la lectura sosegada y crítica del manuscrito del Manual[4] se desprenden algunos datos valiosos que contribuyen a nuestra comprensión de la vida y de la teología de la comunidad del Mar Muerto. El documento también identifica varias particularidades importantes del mundo de sus ideas religiosas, de sus creencias básicas, del desarrollo de su pensamiento y de sus percepciones del origen del bien y el mal.[5]

En el principio de todo, el Dios del conocimiento y el poder creó al ser humano, y también creó a dos espíritus—uno bueno y otro malo—para que influenciaran significativamente el comportamiento, las acciones y las decisiones de la gente, y para que también afectaran, positiva y negativamente, las realidades del mundo y la sociedad. El espíritu del bien siempre se relaciona con la luz, la bondad, la verdad, la nobleza, la justicia. Y el espíritu del mal se asocia continuamente con las tinieblas, el error, la maldad, el pecado, la culpa.

Cada espíritu tiene una esfera definida de acción en la cual pueden llevar a efecto sus acciones. El pecado de la gente buena y justa, sin embargo, es causado directamente, según el Manual, por el espíritu del mal. Y Dios ya ha fijado el tiempo específico y el límite de las actividades de los espíritus, aunque ese conocimiento está reservado como un misterio divino.

La lucha entre los espíritus se fundamenta en el conflicto real, ético, moral y religioso. Ese conflicto, sin embargo, no revela la contraposición metafísica de lo material contra lo espiritual. En efecto, no es una lucha cosmológica ni filosófica: representa la multitud de problemas concretos a los que se enfrentaba la comunidad diariamente. En última instancia, este dualismo no es absoluto, pues no presenta a dos fuerzas independientes que se contraponen: los dos espíritus han sido creados por Dios y obedecen sus preceptos y sus órdenes. Según las directrices incluidas en el Manual, Dios gobierna directamente a los dos espíritus y determina, finalmente, el tiempo y sus espacios de acción.

La sección que continúa el discurso de los dos espíritus presenta una serie bastante extensa de virtudes específicas y defectos concretos que generan esos dos espíritus. Se compone esencialmente de una enumeración de virtudes y pecados, que sigue la pauta de los múltiplos de la cifra perfecta, el siete. Es una sección que incluye temas similares a los que se encuentran en los catálogos del comportamiento y de las acciones humanas en la literatura paulina (p.e., Gálatas 5.19-23; Efesios 5.3-12; Colosenses 3.5-15); describe con claridad las actitudes que se manifiestan en las personas, como resultado de las acciones de los espíritus.

En referencia a los caminos de los hijos de la luz, el Manual de Disciplina indica:

«He aquí sus pasos en el mundo: la iluminación del corazón; la apertura de todos los caminos de verdadera justicia; el llevar en el corazón el temor de los decretos de Dios, el espíritu sumiso, la longanimidad, la gran misericordia, bondad eterna, ciencia, inteligencia, sabiduría penetrante, que pone su confianza en las obras de Dios y que se apoya en la multitud de sus gracias; un espíritu previsor en todo proyecto de acción, celo por los decretos de justicia, los proyectos santos, la resistencia inquebrantable, la misericordia con todos los hijos de la luz, pureza resplandeciente que abomina a todos los ídolos impuros; la modestia del conocimiento, la discreción experimental en todos los misterios de la ciencia» (1QS *iv*.2-6a).

Ese párrafo inicial, que identifica claramente las virtudes que genera el espíritu de bondad en los hijos de la luz, continúa con una clara afirmación del resultado de esa intervención en las personas que oigan sus disposiciones:

«Curación, felicidad inmensa, fecundidad con bendiciones perpetuas, gozo sin fin en la vida eterna, corona de gloria y vestido de majestad en la claridad eternal» (1QS *iv*.6b-8).

En contraposición de las virtudes del espíritu de bondad, se identifican los resultados de las acciones del espíritu de maldad, que interviene en medio de la sociedad y los individuos.

«Los caminos del espíritu de iniquidad son: codicia, relajamiento en el servicio de la justicia, impiedad y mentira, orgullo y pretensión, astucia y engaño, crueldad y gran perversidad, cólera y gran ceguera, ímpetu arrogante, obras abominables de la lujuria, negociaciones impuras al servicio de la deshonra, una lengua mordaz, tinieblas en los ojos, insensibilidad en los oídos, dureza de cerviz y endurecimiento del corazón, para no caminar sino por los caminos de las tinieblas y de la prudencia malvada» (1QS *iv*.9-11).

Junto a esa identificación precisa de los resultados de las acciones del espíritu de iniquidad en las personas, se incluye un párrafo adicional que pone de manifiesto lo que recibirá la gente que decida vivir de acuerdo con esas actitudes y principios de tinieblas y oscuridad:

«Abundancia de castigos por intermedio de los ángeles de destrucción, condenación eterna por la cólera del Dios de las venganzas. Tormento perfecto y vergüenza sin fin con la ignominia de la destrucción en el fuego de las tinieblas.

Todo el tiempo de su vida consistirá en tristes lloros y males amargos, en una prolongada existencia de tinieblas hasta su destrucción sin que haya para ellos resto o escape» (1QS *iv*.12b-14).

Posteriormente el mismo Manual explica aún más las creencias qumramitas en torno a la doctrina de los dos espíritus. Se incluyen y revelan con claridad las diferencias específicas entre los espíritus, y se afirma que Dios los colocó en enemistad eterna hasta el fin de los tiempos. El ser humano, en esta disputa espiritual y eterna, es casi un espectador, un actor secundario en ese complejo y predestinado drama de la vida. Las acciones humanas son determinadas por su ubicación respecto a esas fuerzas espirituales. Son esos dos espíritus los que hacen a las personas actuar de forma determinada en la vida: actúan para el bien o de acuerdo con el mal, según la fuerza del espíritu que les guíe.

El Manual continúa:

«Estos dos espíritus presiden la historia de todos los hombres, que se repartirán entre las huestes de uno o de otro durante todas sus generaciones y necesariamente caminarán por los caminos de uno de ellos.
Todo el mérito de sus obras dependerá del grupo a que pertenezcan según la herencia, buena o mala, que cada uno posee en la eternidad.

Porque Dios los colocó en igual proporción hasta el fin de
los tiempos y puso enemistad eterna entre los dos partidos»
(1QS *iv*.15-17a).

Es importante notar que, de acuerdo con esta literatura dualista, Dios tiene control absoluto sobre los dos espíritus, y que ha determinado con efectividad el tiempo preciso en que la bondad superará las fuerzas de las tinieblas y de la maldad. El dualismo esenio en el Mar Muerto tiene término preciso, y continuará hasta el momento que Dios tiene dispuesto y predestinado para la humanidad.

Y en torno a esos asuntos, los manuscritos añaden:

«Entre tanto, en los misterios de su inteligencia y de su
radiante sabiduría Dios marcó el término de la existencia de
la iniquidad, y en momento de la visita la aniquilará para
siempre.
Entonces la verdad conquistará triunfalmente el mundo, porque hasta entonces el mundo estaba en poder de la impiedad.
La iniquidad durará hasta el momento del juicio.
Entonces Dios purificará por medio de su verdad todas las
obras del hombre. Arrancará todo espíritu de iniquidad de
sus vestidos de carne, purificándolo, por el espíritu santo, de
toda actividad impía» (1QS *iv*.18b-21a).[6]

De acuerdo con el Manual de Disciplina, el espíritu del mal y de las tinieblas se llama «Belial» (1QS *i*.18, 23), nombre que aparece incluido en el documento llamado «Testamento de los doce patriarcas»,[7] y también en el Nuevo Testamento (2 Corintios 6.15). Además, en el Manual de Guerra se indica que el líder de las fuerzas del mal que luchan contra los hijos de la luz es Belial (1QM *xiii*.9-12). Y añade el texto que, en medio de los conflictos definitivos y al fragor de las luchas eternas, los levitas bendicen a Dios y maldicen a Belial. De esta forma, se revela que la fuerza espiritual adversa que se opone al Señor se representa en la figura de Belial, que es un personaje maléfico, maligno y hostil al ser humano y al proyecto divino.

Esas doctrinas dualistas se incluyen de alguna forma en la Biblia Hebrea, p.e., en la literatura isaiana:

«Yo soy Jehová, y no hay ningún otro.
Yo formo la luz y creo las tinieblas,
hago la paz y creo la adversidad.
Sólo yo, Jehová, soy el que hago todo esto»
(Isaías 45.6b-7).

De acuerdo con el profeta, únicamente el Señor es responsable de todo lo creado. Esa acción creadora de Dios incluye tanto la luz como las tinieblas, se manifiesta tanto en la paz como en la adversidad. Según el mensaje profético, la responsabilidad última por todo lo creado, incluyendo el bien y el mal, recae directamente en Dios. Esa percepción teológica puede haber contribuido al desarrollo de la teología dualista que se manifestó en Qumrán.

Algunos estudiosos piensan, además, que esa doctrina dualista de los dos espíritus es una proyección en la teología judía tradicional de los dos impulsos, o dos deseos, o dos actitudes sicológicas. De acuerdo con lo tradicionalmente articulado por el judaísmo, el ser humano tiene tendencias naturales hacia la bondad y la maldad, que debe gobernar y administrar de forma responsable, ética y moral. Con el tiempo, la comunidad esenia, particularmente el grupo de Qumrán, expandió esa teología, que tomó la forma del dualismo determinista, cósmico y eterno. La doctrina de los dos espíritus es la continuación y el resultado de la teología judía predicada y articulada en el desierto, por una comunidad sectaria que había decidido darse de baja de las manifestaciones oficiales de la religión judía, según se presentaban en el Templo de Jerusalén.

Una gran influencia en el dualismo de Qumrán debe haber llegado de la antigua cultura iraní o persa. De esa cultura tan extraordinaria se han descubierto varios documentos que claramente afirman que los pensamientos, palabras y acciones humanas dependían de dos espíritus, que gobernaban los procesos decisionales humanos. Según las formas zervantinas de la religión persa,[8] la humanidad está expuesta continuamente a esas fuerzas eternas de oposición, que se representan en la verdad y la falsedad. Esas formas deterministas de la religión llegaron a influenciar la religión judía y se manifestaron particularmente con fuerza entre los esenios de Qumrán.[9]

Los ángeles

La comunidad de Qumrán estaba interesada seriamente en los ángeles, y su literatura revela con claridad el respeto, la distinción y el aprecio que les tenían. Con frecuencia, las alusiones a los ángeles son importantes, y las tareas que se les asignaban eran fundamentales: p.e., participar activamente en la batalla final y definitiva de los hijos de la luz contra los hijos de las tinieblas.

Basados, posiblemente, en la teología del Dios trascendente y lejano, diversos grupos judíos, luego del exilio, comenzaron a identificar y creer en una serie de figuras intermediarias que contribuían a superar las distancias entre Dios y la humanidad. Esos particulares personajes espirituales podían representar a las personas ante Dios, al mismo tiempo que representaban al Señor ante la gente. Entre esas figuras intermedias de representación, se pueden encontrar las personificaciones de atributos divinos —p.e., la Sabiduría, la Gloria o la Palabra[10]—y los ángeles,[11] que son bien conocidos en el judaísmo bíblico y postbíblico.

Los ángeles en Qumrán no están en el anonimato, se identifican con frecuencia con diversos nombres propios y cumplen responsabilidades de importancia. En primer lugar se menciona al «Príncipe de la luz o de las luces», que se relaciona con uno de los dos espíritus, el de la bondad (1QS *iii*.20). Otro ángel destacado es Miguel, que aparece con cierta regularidad en el Manual de Guerra como apoyador de los hijos de la luz (1QM *ix*.15-16; *xvii*.6-16). Son ángeles de acción y de triunfo, son representantes de Dios en momentos de dificultad, y son embajadores del triunfo divino en momentos de crisis.

En los relatos sobre ángeles, los manuscritos también identifican claramente a Sariel, Rafael y Gabriel. De Sariel únicamente se tiene conocimiento a través del antiguo libro judío conocido como Henoc, en su versión griega (20.15), mientras que en la versión etiópica se le conoce como Saraqael. Rafael y Gabriel son conocidos en la literatura bíblica y extrabíblica como arcángeles de importancia.[12]

También en varios pasajes de los manuscritos se alude a los «ángeles de la presencia», en una posible alusión a los seres angelicales que tienen una mayor jerarquía espiritual o militar, por estar frente a la presencia o el rostro de Dios (1QSb *iv*.25; 1QH *vi*.13). En otros pasajes la identificación de los ángeles o la refe-

DUALISMO Y ESCATOLOGÍA EN QUMRÁN

rencia a ellos se hace con expresiones figuradas, tales como las siguientes: «los hijos del cielo» (1QS *iv*.22, *xi*8; 1QH *iii*.22), «el ejército de los santos» (1QH *iii*.22), «los santos» (CD *xx*.8; 1QSb *iii*.26), «los ejércitos o héroes del cielo» (1QH *iii*.35), «los ejércitos de eternidad» (1QH *xi*.13), «la comunión de los santos» (1QH *iii*.22), o «los valientes» (1QH *viii*.11; *x*.34). Es importante notar, además, en torno a la angeología, que cuando los documentos del Mar Muerto se refieren a Dios como «Príncipe de los dioses» (1QH *x*.8), debe entenderse que aluden al poder divino y a la autoridad del Señor sobre los ángeles.

De singular importancia es la referencia a los ángeles en el Manual de Guerra. Según varios pasajes fundamentales, los ángeles lucharán al lado de los ejércitos del pueblo de Israel contra los hijos de las tinieblas, en la batalla del final de los tiempos. Y en la exhortación al triunfo que se presenta a los grupos qumramitas, en torno a esa definitiva guerra final, el Manual indica que el mismo ángel Miguel apoyará los esfuerzos bélicos de los hijos de la luz contra «el príncipe de la dominación impía». La intervención de Miguel pondrá de manifiesto la gloria de Dios y revelará la paz y la bendición para los hijos de la luz.

El texto del Manual dice:

«Recordad el juicio sobre los hijos de Aarón. Por ese juicio Dios se mostró santo a los ojos del pueblo y confirmó para sí a Eliazar y a Itamar con una Alianza eterna.
Sed fuertes, no les temáis, ya que ellos se inclinan a lo que es vano e inútil. Se apoyan en lo que existe y no saben que es del Dios de Israel de donde proviene todo lo que es y lo que será y lo que acaecerá para siempre.
Hoy mismo es el día designado por él para abatir el príncipe de la dominación impía.
Al partido de la liberación envió una poderosa ayuda por medio del ángel más excelso, por medio de la real dignidad de Miguel, desde la luz eterna, para inundar de gloria a Israel, para dar la paz y la bendición al partido de Dios. Exalta entre los dioses la dignidad del príncipe Miguel y el dominio de Israel sobre toda carne» (1QM *xvii*.2b-8a).[13]

Este apoyo angelical pone sobre los esenios de Qumrán una nueva serie de requisitos éticos y responsabilidades morales. En el Manual de Guerra se indica que ninguna persona impura (1QM *vii*.6) puede estar delante de la presencia de los ángeles; y en el Documento de Damasco se presenta una lista de las personas que no pueden formar parte de la comunidad, por esa misma presencia de los ángeles: en esa lista se incluyen, p.e., los locos, tontos, simples, imbéciles, ciegos, tullidos, cojos y sordos (4QDb).[14]

Esa presencia especial de los ángeles en medio de la comunidad de Qumrán también se pone de manifiesto en otras porciones de los manuscritos, que confirman claramente esa peculiaridad teológica. Los qumramitas, en efecto, deben observar un nivel de conducta más elevado que el resto de la sociedad, por causa de esa presencia angelical que los distingue (1QS *xi*.7-9; 1QH *iii*.21-23). El fundamento de esa creencia es, posiblemente, la convicción de que vivían en los tiempos del fin, en que las intervenciones de Dios y sus ángeles eran más necesarias y requeridas. Ese sentido escatológico, además, generaba un sentimiento de cercanía con lo eterno que se revela en esa interesante percepción teológica (1QH *vi*.12-16).

Los demonios

En el judaísmo antiguo, el mundo de las creencias en demonios y espíritus malignos tiene dos vertientes fundamentales. En primer lugar, específicamente en la literatura seudoepigráfica, los demonios se asocian a los ángeles caídos y se relacionan con las tentaciones y seducciones humanas para hacer el mal. También, particularmente en la literatura rabínica, los demonios se entienden primordialmente como los que causan las enfermedades. Entre los esenios de Qumrán, las primeras concepciones y creencias son las que abundan y predominan.

El fundamento y la base de las actividades de maldad que manifiestan las personas es el resultado de la acción del espíritu del mal o de Belial, quien genera los malos comportamientos y pensamientos malsanos en la gente. Inclusive, en uno de los salmos de Qumrán, Belial es identificado directamente con Satán (1QH *iv*.6), y en el Documento de Damasco se le llama ángel de la enemistad (CD *xvi*.5),[15] expresiones figuradas que ponen de relieve la naturaleza adversa y maligna que producía en los qumramitas ese personaje.

Subordinados a Belial se encuentran, según las creencias en Qumrán, una multitud de espíritus malos, unas huestes de ángeles malvados. Se les conoce con varios nombres, que revelan la naturaleza hostil y errónea de sus acciones: p.e., «espíritu de las serpientes» (1QH *iii*.18), «espíritus de la maldad» y «espíritu del error» (1QH *v*.4,6), «ángeles de los dominios» de Belial (1QM *i*.15) y «espíritus del dominio» de Belial (1QM *xiii*.11-14).

En algunos pasajes de los manuscritos se hace alusión a los «ángeles de destrucción» (1QS *iv*.12; CD *ii*.6), que sirven para llevar a efecto el castigo a los hombres malvados. Estos ángeles cumplen la importante encomienda divina de implantar el juicio divino en la tierra (1QM *xiii*.12).

El Espíritu Santo

Las alusiones al Espíritu Santo en la literatura de Qumrán son bastante frecuentes (p.e., 1QS *iv*.21; *viii*.16; *ix*.3; CD *ii*.12; *v*.11; *vii*.4; 1QH *vii*.6-7; *ix*.32; *xii*.12; *xvi*.12). En algunos casos específicos la acción e intervención del Espíritu Divino se relaciona específicamente con la obra de purificación de los creyentes y la comunidad, mientras que en otras instancias se alude a la revelación divina. De un lado, se afirma su importancia en los procesos internos, rituales y espirituales de los miembros de la comunidad; y del otro, se pone en evidencia su relación con la labor profética que debían llevar a efecto.

La doctrina del Espíritu Santo está fundamentalmente anclada en la teología dualista, que se pone de manifiesto en los pasajes que explican la acción de los dos espíritus. En esos pasajes reveladores, que exploran los círculos de acción y las influencias de los dos espíritus, se hacen importantes referencias al Espíritu Santo, como «espíritu del verdadero consejo» y «espíritu de rectitud y de humildad» (1QS *iii*.6-8). Esas alusiones subrayan la acción del Espíritu Divino en los procesos de purificación cúltica y en el desarrollo de estilos de vida de santificación de la comunidad, que requieren procesos y ritos religiosos bien definidos: p.e., como los baños en las aguas purificadoras, que permiten a los miembros de la comunidad de Qumrán expiar sus iniquidades.

Las referencias al Espíritu Santo y al Espíritu de Verdad revelan que en la literatura de Qumrán son descripciones simbólicas de la misma manifestación de Dios: ambos se oponen al espíritu de impureza que afecta a la humanidad y lucha por atraer al ser humano y afectar a la sociedad (1QS *iv*.9, 22). Esas descripciones ponen en evidencia la importancia de la verdad y la santidad en contraposisión a la mentira e impureza, que ciertamente tienen implicaciones cúlticas y rituales.

Un pasaje del Manual de la Congregación es revelador e importante en torno a la purificación final y escatológica. Se afirma que en el momento preciso en que la verdad conquiste definitivamente las obras de iniquidad y maldad que se manifiestan en el mundo, Dios purificará con su Espíritu Santo todas las obras de las personas. La manifestación plena del Espíritu afirmará la importancia de la verdad en el proceso de purificación ritual, pues la alianza de Dios con su pueblo es eterna. Esa purificación extraordinaria tendrá como efecto final la educación de los justos en el conocimiento del Dios Altísimo.

El texto indica:

> «Entonces la verdad conquistará triunfalmente al mundo, porque hasta entonces el mundo estaba en poder de la impiedad. La iniquidad durará hasta el momento del juicio.
> Entonces Dios purificará por medio de su verdad todas las obras del hombre. Arrancará todo espíritu de iniquidad de sus vestidos de carne, purificándolo, por el Espíritu Santo, de toda actividad impía.
> Derramará sobre él un espíritu de verdad mediante las aguas lustrales, purificándolo de todas sus abominaciones falsas. Se hará presente, por el espíritu purificador, para enseñar a los justos el conocimiento del Altísimo y a los perfectos la sabiduría de los hijos del cielo.
> Porque Dios los escogió para una alianza eterna. Toda la gloria de Altísimo volverá a ellos. No habrá más iniquidad y todas las obras de engaño se convertirán en vergüenza» (1QS *iv*.20b-23a).

Otros pasajes de los manuscritos hacen referencia a la acción del Espíritu Santo en relación con los ritos de purificación. Esa acción se pone de manifiesto cuando se exhorta a la comunidad de abstenerse de toda impureza, para no manchar u ofender al Espíritu Santo que habita en las personas (1QS *v*.11). Además, esas alusiones teológicas también se presentan cuando se indica que los creyentes ingresan a la comunidad y reciben el Espíritu para ayudarles a mantener y afirmar una conducta adecuada, según los principios establecidos por el grupo (1QH *iv*.31; *xvi*.12).

La acción del Espíritu Divino en Qumrán también se pone en evidencia en relación con la comprensión de la literatura profética del grupo. Se indica que el Espíritu Santo fue quien reveló los misterios a los profetas, y que también le ayudará a la comunidad esenia del Mar Muerto a comprender esas revelaciones (1QS *viii*.16). Además, se añade en los manuscritos, en un poema de extraordinario valor teológico y literario, que el salmista ha escuchado el secreto divino por la acción del Espíritu Santo (1QH *xii*.18); y se indica que, inclusive, el Maestro de Justicia se identifica con las funciones proféticas del Siervo del Señor mediante la acción dinámica del Espíritu Santo (1QH *vii*.6-7; *xvii*.26).

Escatología

Según los manuscritos de Qumrán, el mundo se mueve hacia el futuro de acuerdo con la voluntad divina, que se manifiesta en la historia de forma precisa, determinada y fija. En ese devenir se llevan a efecto una serie de batallas extraordinarias entre dos poderes, que de acuerdo con la literatura esenia del Mar Muerto, son los espíritus del bien y del mal. Inclusive, el plan divino provee el espacio para una batalla final y definitiva que pondrá fin a ese conflicto eterno, cósmico y escatológico. Esas ideas sobre el fin de los tiempos se fundamentan básicamente en el estudio sistemático de la Biblia Hebrea que se hacía en la comunidad esenia del Mar Muerto.

El tiempo del fin marca el momento de Dios para terminar con los conflictos históricos, y para inaugurar una nueva época mesiánica. En relación con esas creencias, se incluyen en Qumrán expresiones tales como: «hasta el tiempo previsto» (1QS *iv*.25) o «hasta el tiempo final» (1QS *iv*.16), que subrayan los elementos temporales y concretos del mensaje escatológico. La importante frase «el fin de los días» (1QpHab *ii*.5; *ix*.6), que ya es conocida por su inclusión en la literatura bíblica, designa claramente el momento en que Dios cumplirá su voluntad en la tierra y llevará el mundo a su conclusión; es el momento definitivo en que el Señor le dará el triunfo final y absoluto a los hijos de la luz.[16]

«Visitación» es un término importante en la literatura escatológica de Qumrán. Aunque el término puede ser de contenido social, espiritual, moral y ético neutro, claramente identifica y revela el tiempo preciso de intervención divina. Esa manifestación particular del Señor puede tener dos vertientes básicas: para recompensa y gratificación de los justos, o para juicio definitivo y destrucción de los malvados. Dios ha creado los dos espíritus, para que las personas pudieran recibir tanto las buenas como las malas influencias, hasta el día especial de su «visitación» (1QS *iii*.18). Ese «día de su visitación» describe, en efecto, el momento en que Dios mismo intervendrá en la historia y el cosmos para recompensar a las personas de acuerdo con sus acciones. Particularmente revela el instante de la manifestación especial del Señor, para finalizar con el mal y sus influencias en el mundo y la historia (1QS *iv*.18).[17]

El término «visitación» implica, además, la idea de juicio final, que culminará con la era del bien y del mal: el mal y sus manifestaciones morales, históricas y concretas serán definitivamente exterminados y aniquilados (1QpHab *xiii*.2-4); y el bien y la gente que actúa con bondad disfrutarán de un magnífico período de salvación. Se establecerá, entonces, el reino de Dios, que marcará un cambio extraordinario en la historia humana. El ángel de las tinieblas y sus ejércitos quedarán totalmente destruidos, mientras que a Dios le corresponde la victoria, que disfrutarán los hijos de la luz.

Un pasaje escatológico importante de los himnos de Qumrán, pone en clara evidencia y de manera gráfica la naturaleza de las catástrofes y la extensión de las destrucciones al final de los tiempos.[18] Según las descripciones del manuscrito, Dios pondrá en efecto su cólera, gloria, poder y justicia, para implantar un nuevo orden de cosas: ¡se revelará una época novel de triunfo y victoria!

El texto indica:

«La tierra grita por la catástrofe que se abate sobre el mundo.
Los conspiradores gritan: ¡Triunfo!
Todos los habitantes de la tierra deliran,
se tambalean en medio del desastre.
Dios hace sonar su voz poderosa.
Su santa habitación se cimbra
con las fulguraciones centelleantes de su gloria.
El ejército del cielo levanta su voz.
Los cimientos del mundo tiemblan y vacilan.
La guerra de los fuertes del cielo flagela al mundo,
azote que no cesará hasta que la eternal destrucción
se vea cumplida.
Así será el fin» (1QH *iii*.33-36).

DUALISMO Y ESCATOLOGÍA EN QUMRÁN

Según los escritos y la descripción de Flavio Josefo,[19] los esenios creían en la inmortalidad del alma, aunque de la lectura de sus manuscritos no se desprende con claridad si aceptaban la idea más precisa de la resurrección del cuerpo. Como en Qumrán se apreciaba y utilizaba el libro de Daniel (12.1-3)—del cual se han encontrado varias copias—pensamos que esa comunidad esenia debió haber estado expuesta a esa teología de la resurrección.

Respecto a ese importante tema, un himno de Qumrán puede arrojar cierta luz:

«No hay esperanza para su enorme número,
ningún refugio para los hombres de guerra,
ya que la [victoria] es del Dios de la Alianza.
Los que yacen en el polvo levantarán el estandarte
y los mortales roídos por gusanos alzarán bandera.
Los rebeldes serán exterminados en los combates
y los que hacían restallar el látigo destructor
no entrarán en la fortaleza» (1QH *vi*.32b-35).

La referencia a los que «yacen en el polvo» y la alusión a «los mortales roídos» puede describir a personas muertas, que, según el poema, recobrarán la vida para hacer señales de triunfo por la importante victoria del Dios de la Alianza. La doctrina de la resurrección de los muertos se puede leer en este poema, aunque de forma tímida, el tema puede identificarse en el pasaje.

Otro pasaje fundamental para ponderar la importancia de este asunto teológico, es el siguiente:

«El resultado de los que oigan su visita será: Curación, felicidad inmensa, fecundidad con bendiciones perpetuas, gozo sin fin en la vida eterna, corona de gloria, y vestido de majestad en la claridad eternal» (1QS *iv*.6b-8).

En este pasaje de los manuscritos se pone en evidencia clara que luego de los consejos y la enumeración de las bendiciones terrenales que disfrutarán los hijos de la verdad, se identifican una serie de «bendiciones perpetuas» que incluyen conceptos e ideas relacionadas con la eternidad. Estos consejos son dados por el espíritu de bondad a los hijos de la verdad, que, en el mundo qumramita, equivale a decir que son las instrucciones divinas impartidas a los fieles esenios del Mar Muerto.[20]

Finalmente, se revela claramente en los manuscritos la destrucción definitiva de los infieles que se llevará a efecto mediante la acción de los ángeles a la hora del juicio final y escatológico (1QH *iii*.36). Los impíos serán destruidos por el fuego extraordinario, que es un índice del juicio divino y una manifestación de la ira de Dios (1QH *vi*.18).[21]

Mesianismo

Las esperanzas mesiánicas se incluyen claramente en los manuscritos del Mar Muerto. Las referencias directas o alusiones indirectas, tanto en singular como en plural, a esas importantes figuras dentro del judaísmo, se ponen claramente de manifiesto en varios documentos. Esa presencia mesiánica revela un componente importante de esperanza entre las ideas escatológicas de los esenios de Qumrán. Para los qumramitas, en efecto, esas expectativas se ponen claramente en evidencia, junto a la seguridad de la intervención divina al final de los tiempos.

Sin embargo, es importante notar que al estudiar esos conceptos, al analizar esas ideas y al intentar comprender adecuadamente esas esperanzas en la comunidad, o inclusive al identificar la palabra «mesías»—«masiah», en hebreo, que significa literalmente «ungido»—en los escritos, no debemos necesariamente relacionarlas con las ideas cristianas del mesianismo, ni en todos los contextos se deben interpretar de la misma forma escatológica.[22]

La evaluación crítica del concepto y las palabras clave en Qumrán revelan que se incluyen entre los manuscritos varios pasajes en que la expresión «mesías» no contiene el componente semántico de esperanzas escatológicas; son textos que generalmente aluden a hombres de la comunidad que cumplían algunas funciones proféticas importantes (p.e., CD *ii*.12; *vi*.1; 1QM *xi*.7-8).[23] El mesías, en estos casos, era un líder que ha sido distinguido y es apreciado por sus contribuciones destacadas a la comunidad, en la tradición de Moisés y los profetas de Israel.

Una complicación adicional se pone de relieve al estudiar los manuscritos, particularmente al analizar cuidadosamente algunas referencias mesiánicas que identifican no sólo un mesías sino a dos. Desde que se descubrió el Documento de Damasco los estudiosos han debatido la posibilidad de que la comunidad esenia de Qumrán esperara no uno sino dos Mesías (p.e., CD *xx*.1; *xii*.23).

La referencia es precisa: esperan que se manifieste el Mesías o los Mesías de Aarón e Israel.[24] La idea del mesianismo dual se aclaró al descubrirse los manuscritos del Mar Muerto.[25] El Manual de Disciplina, en el contexto de una serie de exhortaciones a mantenerse fieles a la Ley, indica:

«Que no abandonen jamás ningún precepto de la ley para manchar en la obstinación de su propio corazón. Que se acomoden sus actos a los decretos antiguos, según los cuales los hombres de la comunidad dieron comienzo a su conversión. Por ellos se regirán hasta la llegada del Profeta y de los mesías de Aarón e Israel» (1QS *ix.* 9b-11).[26]

En este pasaje se incluyen tres figuras escatológicas: un Profeta esperado y dos Mesías. De los Mesías, el de Aarón debe ser un sacerdote, posiblemente un sumo sacerdote de Israel; mientras que el ungido o Mesías de Israel[27] debe ser una figura real, un rey,[28] por sus funciones y por las referencias a sus labores. De las lecturas de los manuscritos se desprende que el Mesías de mayor jerarquía es el de Aarón.

Junto a los dos Mesías la comunidad esenia del Mar Muerto esperaba la aparición de un Profeta especial, de acuerdo con las lecturas de los documentos mesiánicos. Esta esperanza escatológica se fundamenta en las lecturas sectarias de Deuteronomio 18.18; según este pasaje, en el futuro indeterminado Dios levantará un profeta como Moisés para guiar y orientar al pueblo. Esa referencia bíblica se interpretó de forma escatológica, y dio base para el desarrollo de la creencia en una figura profética especial que acompañaría a los Mesías en sus labores redentoras al final de los tiempos.

Aunque la labor profética disminuyó luego del período exílico en Israel, en círculos populares del pueblo se anidaba la convicción que ante preguntas complejas y frente a dificultades de interpretación de la Ley, un profeta especial podía aparecerse para responder a los interrogantes y resolver las disputas hermenéuticas de forma definitiva. De acuerdo con las enseñanzas rabínicas, la Ley de Moisés contenía todo lo necesario para la vida plena del pueblo. Y con esas percepciones legales, la profecía fue pasando paulatinamente a un plano secundario en la comunidad.[29]

Desde la perspectiva oficial, tanto la Ley como sus interpretaciones tenían la autoridad plena; sin embargo, en la comunidad en general las esperanzas proféticas se mantenían. Los círculos apocalípticos desarrollaron la teología de «Elías *redivivus*», según las interpretaciones populares de Malaquías 4.5-6, que indicaba que al final de los tiempos el famoso profeta Elías regresaría a la tierra. Esa creencia también se manifestaba en tiempos del Nuevo Testamento: tanto el ministerio de Jesús como el de Juan el Bautista fueron interpretados a la luz de esas percepciones teológicas (véase Mateo 11.9-14; 16.14; Juan 1.21).

Ese contexto teológico es el que posiblemente enmarca la creencia en un Profeta escatológico en Qumrán. El Maestro de Justicia es en cierto sentido este tipo de profeta, pues le brinda a la comunidad la interpretación adecuada y efectiva de las Escrituras (1QpHab *ii*.5-7; *vii*.3-5); sin embargo, la esperanza escatológica sobrepasa los límites de vida de este tan importante líder y fundador de la comunidad (1QS *ix*.11).

---

[1] En torno a las ideas religiosas en el Mar Muerto, véase, particularmente, a Ringgren, *op.cit.*; Jean Pouly, *Los manuscritos del Mar Muerto y la comunidad de Qumrán* (Estella [Navarra]: Editorial Verbo Divino, 1980, pp. 47–62; y M. Delcor y F. García Martínez, *Introducción a la literatura esenia de Qumrán* (Madrid: Cristiandad, 1982, pp. 285–314). Las introducciones generales a la literatura del Mar Muerto también puede ser de ayuda en la evaluación y comprensión de estas ideas: VanderKam, *op.cit.*; Stegemann, *op.cit.*; Vermes, *op.cit.*; Schiffman, *op.cit.*

[2] Véase el importante estudio sobre el dualismo en Qumrán de J. Licht, «An Analysis of the Treatise of the Two Spirits in DSD» *Scripta Hierosolimitana IV*, pp. 88–99; además de leer a Delcor y García Martínez, *op.cit.*, pp. 285-314).

[3] De este Manual de Disciplina (1QS) se han descubierto múltiples copias no sólo en la primera cueva, sino en la cuarta y en la quinta. Esa proliferación de manuscritos revela la importancia que la comunidad le daba a las enseñanzas que contenía; posiblemente el estudio y la comprensión adecuada de este documento constituía la base del proceso de incorporación plena a la vida de la secta.

[4] La sección en torno a los dos espíritus posiblemente se escribió en diferentes momentos y comprende, por lo menos, tres secciones mayores: la primera (1QS *iii*.13-*iv*.14) presenta el dualismo desde una perspectiva cósmica y desarrolla el origen, la influencia y la manifestación de los dos espíritus a través del mundo y la vida de las personas; la segunda (1QS *iv*.15-23a) presenta una dimensión ética importante, analiza el par «verdad y perversidad» y anuncia el juicio al final de los tiempos; y en la tercera sección (1QS *iv*.23b-26) se interpretan las posiciones teológicas anteriores, y se identifica la responsabilidad humana; J. Pouly, *op.cit.*, p. 51.

[5] Véase a Ringgren, *op.cit.*, pp. 68–80.

DUALISMO Y ESCATOLOGÍA EN QUMRÁN

⁶ La teología dualista se manifiesta también en otros manuscritos de Qumrán (p.e., 1QH *xv*.13-20; 1QHab *viii*.9; *x*.9,12; *xi*.1; 1QH *iii*.28-29).

⁷ Para una introducción a esta importante literatura judía, desde la perspectiva de los manuscritos descubiertos en Qumrán, véase la obra de Delcor y García Martínez, *op.cit.*, pp. 243-249.

⁸ Véase a Ringgren, *op.cit.*, pp. 77-80; H. Michaud, «Un mythe zervantine das un des manuscrits de Qumran», *VT* 5 (1955), pp.137-147; J. Duchesne-Guillemin, «Le Zervantine et las manuscrits de la Mer Morte», *Indo-Iranian Journal* 1 (1957), pp. 96-99.

⁹ Véase a Delcor y García Martínez, *op.cit.*, pp. 290-295.

¹⁰ Es interesante e importante notar que en Qumrán no se encuentran conceptos hipostáticos: los manuscritos de Qumrán no personifican al Señor, posiblemente por su teología de respeto y distancia; véase a Ringgren, *op.cit.*, p. 81.

¹¹ Los ángeles en la Biblia Hebrea no fueron inicialmente creados como figuras intermediarias, sino como servidores, mensajeros y representantes de Dios, además de formar la Corte Celestial.

¹² Véase a Delcor y García Martínez, *op.cit.*, pp. 298-301; Ringgren, *op.cit.*, pp. 82-85.

¹³ Este interesante pasaje del Manual de Guerra nos recuerda las palabras de Jesús en el Evangelio de Mateo, en las que el Señor indica que podía orar al Padre para que le enviara legiones de ángeles para que le ayudaran en la dificultad que enfrentaba. Posiblemente, esta referencia al apoyo angelical en medio de la crisis es una característica particular de las intervenciones de Dios en la era mesiánica; Ringgren, *op.cit.*, pp. 84-85.

¹⁴ Posiblemente ese es el contexto teológico de la recomendación apostólica de que la mujer tenga un velo sobre su cabeza, por «causa de los ángeles» (1 Corintios 11.10); véase a J.A. Fitzmyer, «A Feature of Qumran Angeology and the Angels of 1 Cor. XI.10», *NTS* 4 (1957/58), p. 114; Ringgren, *op.cit.*, p. 85.

¹⁵ Esa idea de enemistad se revela también en la figura de Mastema, que es conocido como el príncipe de los espíritus malos en el libro de los Jubileos, en donde se indica que fue él quien tentó a Abraham (17.15-18), intentó matar a Moisés (48.2, 9), endureció el corazón de los egipcios (48.17) y también mató a sus primogénitos (49.2); Ringgren, *op.cit.*, pp. 90-92.

¹⁶ Ringgren, *op.cit.*, pp. 152-163.

¹⁷ El término «visitación» se utiliza en la traducción griega de los LXX para describir el momento en que Dios traerá a los justos la vindicación histórica final (Sabiduría 3.7), y para describir la acción divina de liberación sobre Jerusalén (Lucas 19.44).
En el Documento de Damasco, se hace alusión a dos momentos de «visitación»: en la primera los fieles son salvados y los malvados perecerán a espada; y en la visitación segunda y final, los pobres serán redimidos y el mal será finalmente exterminado (CD *vii*.3; *xix*.9-13). Ringgren, *op.cit.*, pp. 152-153.

¹⁸ Este pasaje nos trae a la memoria varios textos bíblicos escatológicos, como los que se incluyen en Apocalipsis 15-18.

19 Véase la cita de Josefo en J. Pouilly, *op.cit*., pp. 61-62; también el análisis de Delcor y García Martínez, *op.cit*., p. 312.

20 Delcor y García Martínez, *op.cit*., pp. 309-314.

21 En la Biblia Hebrea, el fuego de la cólera de Dios es una importante expresión metafórica del juicio divino (Números 25.4); en Qumrán, sin embargo, ese fuego es un instrumento físico y tangible del juicio de Dios para los infieles, y tendrá un claro y firme efecto destructor. Delcor y García Martínez, *op.cit*., p. 313.

22 Ringgren, *op.cit*., pp.167-182; Delcor y García Martínez, *op.cit*., pp. 304-308. El estudio del mesianismo en Qumrán es complejo por varias razones: algunos textos de importancia mesiánica y escatológica están en mal estado físico, lo que impide derivar de ellos conclusiones importantes. Además, en una comunidad que produjo importantes piezas teológicas y literarias durante varios períodos en la historia judía, se manifiestan diversas tendencias religiosas y diferentes corrientes ideológicas que deben ser tomadas en consideración, para entender adecuadamente no sólo los conceptos relacionados con el mesianismo, sino con las formas en que esa importante teología se desarrolló desde sus comienzos en Qumrán.

23 Es importante notar que la relación semántica entre las palabras «profetas» y «mesías» o «ungidos» se encuentra en la Biblia Hebrea: p.e., en el Salmo 105.15, en donde las expresiones se encuentran en un claro paralelo poético.

24 Aunque la expresión hebrea está en singular, la construcción de la frase puede leerse también en plural. Con el descubrimiento del Manual de Disciplina en Qumrán se solucionó el problema pues con claridad se habla de dos mesías: uno sacerdotal y el otro real (p.e., 1QS *ix*.10-11).

25 Esta idea del mesianismo dual se incluye también en el Testamento de los Doce Patriarcas; Ringgren, *op.cit*., pp. 171-173. Es interesante notar que en el Testamento de Judá las enseñanzas en torno a los dos mesías se inician fundamentadas en la interpretación de Números 24.17, en el cual se incluye el oráculo de Balaam y se mencionan la estrella de Jacob y el cetro de Israel. El Mesías de Aarón se relaciona con la estrella de Jacob; y el cetro de Israel, con el Mesías real.

Véase también a Delcor y García Martínez, *op.cit*., pp. 304-305. En el libro de los Jubileos se incluye también, aunque de forma tímida e implícita, la idea de los dos Mesías, con la clara supremacía del Mesías religioso sobre el político: Isaac bendice primeramente a Leví, y luego procede a bendecir a Judá (31.13-15).

26 Respecto a este documento es interesante notar que una copia descubierta en la cueva cuatro, posiblemente más antigua, no incluye las referencias a los dos Mesías. Ese cambio textual se debe posiblemente a que la comunidad fue desarrollando esta teología mesiánica dual con el paso del tiempo.

27 La expresión «Mesías de Israel» es desconocida para la Biblia Hebrea y corresponde al Mesías tradicional descendiente de David. Su función es claramente política, mientras que las responsabilidades del Mesías de Aarón son religiosas.

28 En otros pasajes se aclara esta idea y se indica que la comunidad esperaba un ungido de la rectitud y la justicia de la casa de David; véase el documento de las Bendiciones Patriarcales (1QB *i*3-4) y 1QSa *ii*.11-12, 14, 20.

²⁹ Varios tratados del Talmud Babilónico ponen de manifiesto estas convicciones: p.e., b. Ber. 34b; b. Baba Metzia 59b; véase a Ringgren, *op.cit.*, pp. 173–175.

Capítulo 5

ROLLOS, MANUSCRITOS Y FRAGMENTOS

*Que todos los que se someten a la Regla de la
Comunidad se conserven en su Alianza
en la presencia de Dios, para comportarse en todas
las cosas conforme a sus prescripciones
y para que no abandonen la Alianza
a causa de ningún terror, miedo o prueba tentadora
suscitada por la potencia de Belial.*
1QS *i*.16-18a

Manuscritos descubiertos

Como resultado de los esfuerzos coordinados de búsqueda de manuscritos—¡o por la casualidad!—ya sea por los arqueólogos profesionales o por los beduinos, se descubrieron e identificaron en las cuevas del Mar Muerto de 850 a 1,000 manuscritos.[1] Muchos de esos manuscritos se escribieron o, por lo menos, se copiaron en Qumrán, otro grupo considerable de documentos fueron llevados a la comunidad del desierto de otros lugares, particularmente de Jerusalén.[2]

La clasificación y catalogación de los diferentes manuscritos se puede hacer fundamentados en su contenido, y también en el aporte que hacen a los estudios contemporáneos de las creencias del grupo. De acuerdo con esos criterios, se pueden distinguir por lo menos tres grupos mayores o categorías de documentos: copias de libros o de porciones de la Biblia Hebrea; copias de libros apócrifos o deuterocanónicos, y seudoepígrafos; y, finalmente, copias de literatura sectaria. Estos documentos son la base para analizar la teología del grupo y el fundamento para comprender sus estilos de vida y sus prácticas diarias. Y aunque muchos fragmentos de los manuscritos son casi irreconocibles, su identificación precisa puede ser de ayuda en la determinación del aprecio y respeto que les tenía la comunidad.

Otra manera de organizar los manuscritos de la biblioteca descubiertos en las cuevas de Qumrán revela que se pueden dividir en, por lo menos, cuatro categorías mayores.[3] De acuerdo con esta metodología, los textos descubiertos se pueden catalogar en términos de su utilización en la comunidad. El primer grupo es el de los manuscritos principales, o el de los textos base o modelos para la reproducción de copias futuras. Este es el grupo de manuscritos que se manejaban con gran cautela y cuidado, por la importancia teológica o práctica que tenían para la vida y el futuro de la comunidad.[4]

El segundo grupo de manuscritos es el de los textos que se usaban con frecuencia para el estudio de los miembros de la comunidad. En este grupo se pueden incluir los manuscritos que tienen muchas copias,[5] que puede ser un indicador del uso intenso que el grupo esenio le daba y que también pone claramente de relieve el número de personas que vivían en el desierto, al amparo teológico y doctrinal de los estudios que se fundamentaban en esas escrituras.

El tercer grupo incluye los manuscritos con temas de interés particular de la comunidad o que articulan los asuntos de preocupación específica del grupo. En este grupo se incluyen los manuscritos griegos de la cueva siete y el famoso Rollo de Cobre, del cual se encontraron únicamente dos copias en la cueva oncena. Se pueden incluir en esta categoría, además, el Comentario al mensaje del profeta Habacuc y algunas copias del libro de Daniel.

La categoría final de manuscritos, según su uso, es la de documentos sobreutilizados, que muestran físicamente las señales de varios niveles de deterioro, de acuerdo con el uso continuo que recibían. Tradicionalmente en la sinagogas se separaba un lugar para guardar este tipo de manuscritos, que, aunque no se utilizaban en las actividades comunitarias, se mantenían con reverencia y aprecio.[6] En esta categoría también se pueden incluir los «tefillim» y los «mezuzot»,[7] que constituyen elementos de gran importancia litúrgica y religiosa para la comunidad piadosa judía.[8]

Textos bíblicos

Nos referimos en esta sección a los manuscritos o documentos descubiertos en Qumrán, que posteriormente fueron aceptados en la comunidad judía y cristiana como parte del canon.[9] Esos libros son esencialmente la Torá (es decir, el Pentateuco o la Ley de Moisés), los libros históricos y proféticos, y los Salmos. En esa época todavía no eran universalmente aceptadas algunas obras de la sección canónica conocida como «los Escritos»: p.e., Ester y Cantar de los Cantares.

La lista de los manuscritos bíblicos y del número de copias descubiertas de cada manuscrito en las cuevas del Mar Muerto relacionadas con la comunidad esenia de Qumrán, es la siguiente:[10]

| Génesis | 15 | Salmos | 36 |
| Éxodo | 17 | Proverbios | 2 |

Levítico	13	Job	4
Números	8	Cantar de los Cantares	4
Deuteronomio	29	Rut	4
Josué	2	Lamentaciones	4
Jueces	3	Eclesiastés	3
1-2 Samuel	4	Ester[11]	0
1-2 Reyes	3	Daniel	8
Isaías	21	Esdras	1
Jeremías	6	Nehemías[12]	0
Ezequiel	6	1-2 Crónicas	1
Los Doce	8		

Estos manuscritos se encontraron en las once cuevas en la siguiente disposición:[13]

Primera cueva	17	Séptima cueva	1
Segunda cueva	18	Octava cueva	2
Tercera cueva	3	Novena cueva	0
Cuarta cueva	137	Décima cueva	0
Quinta cueva	7	Undécima cueva	10
Sexta cueva	7		

De la lista de los libros encontrados y del número de manuscritos por cueva se pueden derivar varias conclusiones. En primer lugar se han identificado como 202 copias, que representan cerca de una cuarta parte de todos los documentos encontrados en la cuevas.[14] Ya, desde la perspectiva estadística, se pone de relieve la importancia que daba la comunidad esenia de Qumrán a los manuscritos bíblicos. Esa importancia numérica se comprueba y afirma al evaluar el contenido de sus escritos, en los cuales se incentiva continuamente a la comunidad a vivir de acuerdo con las enseñanzas que se desprenden de las Sagradas Escrituras, según las interpretaciones del grupo.

El número de copias de cada libro también revela el uso, la intensidad y la prioridad que tenían esos documentos entre los miembros de la comunidad. De esta forma se descubre que los libros más utilizados y, por consiguiente, más analizados y estudiados por los esenios del Mar Muerto, son los siguientes: Salmos, Deuteronomio e Isaías.[15] Le siguen en uso Éxodo, Génesis y Levítico; posteriormente, Números, los Doce y Daniel;

luego, Ezequiel y Jeremías; y finalmente, 1-2 Samuel, Job, Cantar, Rut, Lamentaciones, Jueces, 1-2 Reyes, Eclesiastés, Josué, Proverbios, Esdras y 1-2 Crónicas.

El uso extendido de los salmos revela y afirma la importancia que el grupo esenio daba al culto, la meditación y la reflexión personal y comunitaria. Y, en efecto, la alta frecuencia de los libros de la Ley en la comunidad es esperada, si tomamos en consideración que se trataba de un grupo que se dedica a estudiar sistemáticamente y con detenimiento las implicaciones legales de los escritos de Moisés.[16] La presencia continua del libro de Isaías, entre otras virtudes teológicas y literarias, pone claramente de manifiesto el interés mesiánico de la comunidad, que interpretaba varios mensajes del importante libro isaiano desde una perspectiva mesiánica.

Junto a los manuscritos bíblicos se encontraron en las cuevas varios targúmenes, que son traducciones al arameo de los libros bíblicos originalmente escritos en hebreo. Esos targúmenes eran recursos literarios y educativos necesarios para la comunidad judía postexílica, que poco a poco fue perdiendo la capacidad de comunicarse efectivamente en hebreo, para incorporar el idioma arameo como la lengua común y vernácula.[17] Estas traducciones arameas se desarrollaron en Israel luego del exilio en Babilonia, cuando la comunidad judía comenzó a utilizar el arameo como lengua de diálogo diario y confinó el hebreo a asuntos religiosos.

Textos apócrifos o deuterocanónicos

Junto a los textos bíblicos, en las cuevas de Qumrán se descubrieron otros libros que pertenecían a la biblioteca de la comunidad.[18] Estos manuscritos no son bíblicos, pues no se incorporaron con el tiempo en la Biblia Hebrea; son documentos que revelan varias perspectivas teológicas del grupo y ponen de manifiesto la amplitud de los asuntos religiosos que se discutían y ponderaban en la comunidad. Además, identifican varias preocupaciones del grupo.

Con el término libros «apócrifos» se identifican en esta sección las obras que se incluyen en la Biblias católicas pero que no se incorporan en las ediciones protestantes de las Sagradas Escrituras.[19] Esos libros adicionales provienen de la versión griega de la Biblia, conocida como la Septuaginta (LXX), que durante el período de la Reforma fueron rechazados por los grupos protestantes, y que fueron afirmados como parte del canon bíblico por la Iglesia Católica, y conocidos como «Deuterocanónicos»[20] (o que forman parte del segundo canon).

De esta literatura deuterocanónica, en las cuevas de Qumrán se encontraron cuatro representantes. En primer lugar se ha identificado el libro de Tobit,[21] que contiene la historia dramática de un judío exiliado del reino del norte y que llegó a ocupar una posición de prominencia en el imperio asirio. Posteriormente, perdió su prestigio y prominencia, pero continuó con sus prácticas de piedad, aunque quedó ciego y pobre. De acuerdo con el relato, el ángel Rafael acompañó a su hijo Tobías en el viaje de búsqueda del tesoro familiar. Finalmente, Tobías contrae matrimonio y descubre la medicina que sana a su padre de la ceguera.

También se encontró en las cuevas varias copias de manuscritos del libro de Eclesiástico, o de la Sabiduría de Jesús ben Sira o simplemente Sirac. El autor de la obra, Jesús ben Sira, era un maestro judío que escribió o recopiló una serie importante de dichos de sabiduría por los años 190–180 a.C. La obra fue redactada inicialmente en hebreo, pero fue traducida al griego por un nieto del autor, que también añadió un prólogo a su edición.[22]

En la séptima cueva se encontró una copia en griego de la carta de Jeremías, que constituye el capítulo 6 del libro de Baruc.[23] En esencia, la obra es una crítica acérrima a la idolatría (7Q2).

Finalmente, en torno a la literatura deuterocanónica o apócrifa, se encontró el Salmo 151 (11QPs a).[24] Este poema se atribuye a David, el famoso monarca israelita, y, como en la Septuaginta, concluye el importante rollo encontrado en la cueva once. En ese rollo también se incluyen otros salmos que no aparecen en el libro canónico de los Salmos.

Textos seudoepigráficos

Con la expresión «seudoepígrafa» se alude a la literatura religiosa judía que se produjo durante los dos siglos antes y después de la era cristiana, que posteriormente no formaron parte del canon de la Biblia Hebrea ni se incluyeron en la versión griega de la Septuaginta. El término se refiere directamente a la práctica antigua de suprimir el nombre del autor de alguna obra, para relacionar el escrito con algún personaje famoso de la historia judía, particularmente alguna figura destacada de los tiempos bíblicos antiguos; p.e., Adán, Abraham, Moisés, Elías.²⁵ El propósito fundamental y básico de esta particular forma de publicación y de este singular estilo literario es incorporar el prestigio y la autoridad de algún personaje bíblico con la nueva obra;²⁶ es una manera solapada, pero muchas veces efectiva, de utilizar el poder de evocación, el prestigio y la autoridad que generan las tradicionales figuras de autoridad de Israel en el pueblo.

Textos conocidos: Aunque el cuerpo de la literatura seudoepígrafa es extenso y variado, en Qumrán se encontraron manuscritos de por lo menos tres obras previamente conocidas y también se han estudiado algunos ejemplares de obras previamente desconocidas, que pueden identificarse en este tipo de literatura antigua. Estos manuscritos ponen en evidencia algunos aspectos teológicos y doctrinales del grupo esenio que estudiaba con detenimiento estas obras.

En primer lugar, se encontraron en la cuarta cueva varios manuscritos arameos del libro de Enoc. La obra, que consta esencialmente de cinco unidades con ciento ocho capítulos, incluye una serie importante de revelaciones divinas a Enoc, el séptimo hombre desde la creación de Adán, según los relatos que se incluyen en el libro de Génesis (Génesis 5.21-24). Previo a los descubrimientos de Qumrán, el libro de Enoc se conocía únicamente en su traducción etiópica, que a su vez se fundamenta en una versión griega de un texto semítico.²⁷

La obra de Enoc incluye varias narraciones destacadas, entre los que se encuentra la de los ángeles que descendieron a la tierra, se casaron con mujeres y engendraron gigantes (véase la versión bíblica en Génesis 6.1-4). Además, esta literatura incorpora buenos ejemplos de apocalipsis tempranos y provee alguna información astronómica de gran pertinencia para los esenios de Qumrán, particularmente a la luz de sus preocupaciones en la celebración de las festividades judías y sus compromisos con la exactitud de los calendarios.

Siete de los manuscritos descubiertos en las cuevas contienen porciones de tres de las unidades del libro de Enoc: el Libro de los vigilantes (caps. 1–36), el Libro de los sueños (caps. 83–90) y la Epístola de Enoc (caps. 91–107). Los otros cuatro manuscritos incluyen partes de otra unidad: el Libro de la astronomía (caps. 72–82). Ninguno de los manuscritos descubiertos, sin embargo, incluye referencias o porciones a las Similitudes o las Parábolas de Enoc (caps. 37-71).[28] Por otro lado, en Qumrán la obra de Enoc incorpora una nueva pieza literaria conocida como el Libro de los gigantes, que describe las acciones de los hijos de los ángeles. Esa selectividad en el uso del material pone en clara evidencia las prioridades teológicas del grupo y revela parte de sus grandes preocupaciones apocalípticas y escatológicas.

La segunda obra seudoepigráfica descubierta en las cuevas de Qumrán se conoce con el nombre de Jubileos. Presenta una revelación divina a Moisés a través de un ángel que sirve ante la presencia de Dios. El famoso libertador de Israel, finalmente, de acuerdo con el libro, redacta esas instrucciones y revelaciones de Dios. El libro depende directamente de Génesis, y recuenta las narraciones bíblicas que van desde la creación (Génesis 1-3) hasta la llegada de los israelitas al Monte Sinaí y la ascensión de Moisés al Monte para recibir las Tablas de la Ley (Éxodo 19, 24). Este libro se redactó finalmente cerca del año 160 a.C., posiblemente antes de la fundación de la comunidad esenia de Qumrán.[29] El autor utilizó la literatura bíblica para articular sus posturas teológicas, y también para presentar sus interpretaciones de la vida de la comunidad judía de la época. De particular importancia en la obra es su nueva definición del jubileo bíblico. Según este libro, la historia humana se divide en cincuenta unidades de cuarenta y nueve años cada una. El año jubilar no es el cincuenta (véase Levítico 25), sino el que se calcula luego de las cincuenta unidades de cuarenta y nueve años. Implícito en el libro está el calendario solar de 364 años, que también se presenta en el libro de Enoc.

De gran importancia en los descubrimientos del libro de los Jubileos es el uso continuo que se le daba a esta obra en la comunidad, a juzgar por las muchas copias que se han identificado en las cuevas: ¡como quince o dieciseis copias de la obra! Es de notar que únicamente los libros bíblicos de Salmos, Deuteronomio, Isaías y Génesis tienen más copias en Qumrán que Jubileos. Además, las copias que se han recobrado revelan que el libro se reproducía con mucho cuidado y detenimiento. Posiblemente por su perspectiva sobre el calendario litúrgico y por la precisión en la determinación de las fechas religiosas que la comunidad debía observar con detenimiento y responsabilidad, esta obra tenía gran autoridad legal y virtud moral para la comunidad, como se pone de manifiesto en el Documento de Damasco.[30]

La tercera obra que se puede catalogar como seudoepígrafa en los descubrimientos del Mar Muerto se relaciona con el libro conocido como Testamento de los doce patriarcas. Como los patriarcas del título se alude a los doce hijos de Jacob, y la obra se escribe en el estilo de las bendiciones que un padre le brinda a sus hijos en el lecho de muerte (Génesis 49). En la antigüedad, ese tipo de bendición tenía mucha importancia, pues los diálogos con alguna persona que estaba al borde de la muerte eran considerados con mucha responsabilidad y aprecio. Se pensaba que el momento final de la vida era un buen entorno para la educación moral y para recibir recomendaciones fundamentales.

Aunque la obra contiene varias secciones de gran influencia cristiana, su fundamento literario y teológico es ciertamente judío.[31] Posiblemente esas secciones judías del libro deben haberse redactado en las postrimerías del siglo segundo a.C. En las cuevas no se encontraron copias del Testamento en pleno, pero sí se pueden identificar claramente las fuentes judías de varios de los testamentos individuales de algunos patriarcas; p.e., el Testamento de Neftalí (4Q 215), el Testamento de Judá (3Q7, 4Q484, 538), el Testamento de José (4Q539) y el Testamento de Leví (4Q213-214, 1Q21).[32]

Textos previamente desconocidos: Junto a estos tres textos seudoepígrafos conocidos—que produjeron como cuarenta manuscritos o fragmentos—en Qumrán se identificaron nuevos documentos que pueden catalogarse en esta misma categoría literaria. Aunque algunos de estos documentos no se han publicado en castellano y son difíciles de catalogar con precisión, su descubrimiento revela la extensión de las prácticas seudoepigráficas en la antigüedad y pone en clara evidencia la importancia literaria y teológica que estas obras tenían entre los esenios del Mar Muerto.

Posiblemente uno de los nuevos libros seudoepigráficos más importante es el Génesis Apócrifo, que se descubrió en la primera cueva. Es una obra escrita en arameo—que ha llegado a nosotros en muy mal estado físico—que presenta y adapta con liberalidad varias narraciones que se encuentran en el libro de Génesis, de una manera similar a las que se incluyen en el libro de los Jubileos.[33]

Otros nuevos seudoepígrafos descubiertos en las cuevas del Mar Muerto se relacionan con los siguientes personajes bíblicos: Noé (1Q19; 4Q246, 534); Jacob (4Q537); José (4Q371-373); Qahat, el abuelo de Moisés, según Éxodo 6.18 (4Q542); Amram, el padre de Moisés, según Éxodo 6.20 (4Q543-548); Josué (4Q378-379); Samuel (4Q160; 6Q9); David (2Q22); Jeremías (4Q383-384, 385b, 387b); Ezequiel (4Q384-390, 391); Daniel (4Q242, 243-245, 551); y Ester (4Q550).

Otros textos sectarios

En esta sección amplia se incluyen los documentos encontrados en las cuevas que fueros escritos para apoyar los trabajos de la comunidad y para afirmar las creencias y las prácticas diarias del grupo esenio que se había movido al Mar Muerto. La gran mayoría de estos documentos no eran conocidos antes de los descubrimientos de Qumrán. El estudio de esta literatura es de fundamental importancia para la comprensión adecuada de este grupo judío que vivía en el desierto.

En esta categoría general de manuscritos se encuentran los siguientes documentos: comentarios bíblicos; comentarios temáticos; paráfrasis de porciones de la Biblia; documentos legales; literatura de adoración; trabajos escatológicos; textos de sabiduría; el Rollo de Cobre; y algunos documentos de administración interna de la comunidad.[34]

Comentarios bíblicos: La Biblia Hebrea ocupaba un lugar prominente en los estudios de la comunidad de Qumrán. Ese aprecio se pone claramente en evidencia no sólo al estudiar de sus documentos constitutivos, sino al identificar el número de manuscritos de las Sagradas Escrituras que se encontraron en la cuevas, y al ponderar el grupo de comentarios bíblicos que también se descubrieron en la biblioteca. De acuerdo con la Regla de la Congregación,

> «Que no falte, tampoco,
> en el lugar donde haya por lo menos diez miembros de la comunidad,
> el hombre que escrute la ley continuamente,
> de noche y de día,
> con miras a la común perfección» (1QS *vi*.6-7a).

Esa dinámica de estudio y meditación alrededor de los textos bíblicos revela una característica particular de este grupo de esenios. La Biblia ocupaba un lugar central en la vida diaria de la comunidad, y los comentarios bíblicos revelan la naturaleza de sus creencias y subrayan la teología que afirmaban. Estos comentarios eran reacciones y reflexiones teológicas fundamentadas en diferentes porciones bíblicas que la comunidad estudiaba. La persona que comentaba el texto bíblico, en primer lugar, citaba la Escritura que estudiaba, y posteriormente añadía su interpretación, comenzando con la palabra *pesher*, que significa «interpretación» o «explicación». Esta palabra hebrea ha dado el nombre técnico a este tipo particular de literatura sectaria que se encontró en las cuevas de Qumrán, los «pesher» o los comentarios bíblicos.[35]

El estudio de estos comentarios bíblicos o «peshers» revela algunos presupuestos teológicos y metodológicos fundamentales del grupo qumramita: en primer lugar pensaban que las profecías bíblicas se referían a los tiempos finales de la historia humana, no estaban prioritariamente dirigidas a las comunidades que escucharon sus mensajes en sus contextos originales; entendían, además, que ellos vivían esos tiempos escatológicos del fin; finalmente, pensaban que a través del Maestro de Justicia podían interpretar los mensajes proféticos y descifrar la revelación divina para el tiempo final. En Qumrán se pensaba que la comunidad tenía el texto sagrado—la Biblia Hebrea—y que además, poseían la sabiduría del intérprete especial seleccionado por Dios—el Maestro de Justicia.

Aunque únicamente algunos comentarios bíblicos continuos se han preservado se han podido identificar diecisiete o dieciocho manuscritos de «peshers» que tienen gran importancia teológica para la comunidad, entre los que se encuentran los siguientes: seis de Isaías; tres de varios salmos; dos de Oseas, Miqueas y Sofonías; y uno de Nahúm y Habacuc. La disposición de los comentarios revela una vez más las prioridades teológicas del grupo. En primer lugar, comentan la literatura profética; además, privilegian a Isaías y a los Salmos,[36] que también son importantes entre los manuscritos bíblicos descubiertos. Posiblemente los comentarios bíblicos o «peshers» mejores preservados, son los siguientes: el de Habacuc, el de Nahúm y el del Salmo 37. Los comentarios a la profecía de Isaías, sin embargo, es una de las fuentes más importantes para la comprensión del mesianismo entre los esenios de Qumrán.

Los comentarios bíblicos en Qumrán también son de naturaleza temática. No solamente se comenta la Biblia de manera ordenada, canónica y sistemática, sino que se identifican temas de diferentes secciones o libros de la Escritura para el estudio de la comunidad. El comentario conocido como «Florilegio» (4Q174) estudia y comenta a 2 Samuel 7 y los primeros dos salmos canónicos, para analizar las implicaciones de la promesa divina a David de que tendría una dinastía eterna. El comentarista relaciona la profecía y el mensaje de los salmos con la comunidad qumramita que se había separado del Templo de Jerusalén para fundar un grupo de personas comprometidas fielmente con las promesas divinas. El tema del templo espiritual que únicamente Dios puede construir es de suma importancia en este comentario.[37]

Otro comentario temático de cierta importancia descubierto en las cuevas es el conocido como «Testimonio»,[38] que analiza algunas secciones del libro de Deuteronomio (5.28-29; 18.18-19), comenta las secciones de Balaam (Números 24.15-16), alude a las bendiciones de Moisés a Leví (Deuteronomio 33.8-11), y finalmente reflexiona sobre la maldición de Josué al que trate de reconstruir la ciudad de Jericó (Josué 6.26). El tema principal es el del liderato: la importancia de la aparición de un profeta como Moisés, y la necesidad de los mesías davídico y sacerdotal.

El comentario temático en torno a Melquisedek (11QMelch) es de importancia capital, por varias razones: en primer lugar pone de manifiesto las preocupaciones teológicas que tenía la comunidad en relación con este personaje antiguo (véase a Génesis 14.17-20; Salmo 110.4), del cual se indica que poseía un sacerdocio eterno. Además, en la comunidad cristiana también se revela preocupación por los detalles de la vida y las implicaciones futuras de esta singular figura bíblica. De acuerdo con la Epístola a los Hebreos, Cristo cumple la función de sacerdote eterno, según el orden de Melquisedek. Tanto en Qumrán como en la iglesia cristiana primitiva había intriga por este personaje, que interpretaban figuradamente a la luz de sus respectivas teologías.

Paráfrasis de textos bíblicos: Algunos eruditos han identificado varios manuscritos descubiertos en Qumrán como paráfrasis de Escrituras por el uso de palabras similares y su parecido lingüístico con los pasajes bíblicos que representan pero que no son reproducciones literales de esas porciones.[39] No sólo son traducciones libres o representaciones de los textos bíblicos, sino que añaden, inclusive, otros materiales en medio de los textos. Estos pasajes se designan de la siguiente forma: 4Q123, utiliza el libro de Josué; 4Q127, se fundamenta en Éxodo, y está escrito en griego; y 4Q158, 364-367 utiliza varias porciones del Pentateuco.

Textos legales: En Qumrán se han descubierto varios textos de naturaleza legal. No es de extrañar que una comunidad que se dedica prioritariamente a estudiar la Biblia, particularmente las porciones legales, desarrolle una serie de documentos que pongan en evidencia esa naturaleza legal del movimiento. La Ley de Moisés para los qumramitas era de importancia capital, como también lo era las implicaciones diarias de ese sistema legal y las interpretaciones teológicas y prácticas de esa Ley.

Un particular documento de naturaleza legal de gran importancia para la comunidad qumramita fue descubierto en varias cuevas del Mar Muerto. Aunque se conocía con anterioridad,[40] en efecto, su descubrimiento en Qumrán y el estudio de sus enseñanzas ha arrojado gran luz en torno a las prácticas y creencias del grupo.

El Documento de Damasco, que es conocido como Documento Zadoquita o Pacto de Damasco (4Q266-273; 5Q12; 6Q15), se compone de dos secciones principales: una exhortación a la comunidad (columnas 1-8, 19-20) y una porción legal (cols. 15-16, 9-14).[41] Entre los temas que se incluyen en el Documento, podemos identificar los siguientes: la pureza de los sacerdotes y de los sacrificios, las enfermedades, el matrimonio, la agricultura, los diezmos, las relaciones con los paganos, la iniciación a la comunidad, los votos y las promesas que debían hacer los miembros del grupo, la vida interna, las regulaciones del sábado, los festivales y la organización interna del grupo. El documento es específico en sus regulaciones y requiere lealtad absoluta de sus miembros.

Un segundo texto de gran importancia legal y práctica para la comunidad qumramita es el Manual de Disciplina o la Regla de la Comunidad. El estudio de este documento le ha brindado a la comunidad académica los fundamentos básicos para la comprensión de las creencias del grupo y el entendimiento de las implicaciones cotidianas de sus prácticas diarias. Además de la copia descubierta en la primera cueva,[42] se han identificado como diez manuscritos adicionales o fragmentos significativos del Manual en la cueva cuatro (4Q255), en la cinco (5Q11,13) y en la seis (6Q265). El Manual funciona en la comunidad como una especie de constitución en la cual se explicitan las responsabilidades y los deberes de los miembros del grupo. Se incluyen, inclusive, detalles de los procesos de iniciación de las personas que deseen incorporarse en la comunidad.

Un tercer documento legal se descubrió en Qumrán que merece ser mencionado: el Rollo del Templo (11QT), del cual se encontraron dos copias. Desde su publicación en el 1977,[43] este documento ha revelado la importancia que tenía el concepto de templo para la comunidad, aunque las especificaciones que se incluyen no corresponden a las descripciones de los Templos históricos de Israel. La implicación es que el documento contiene los planos de un particular Templo que debe ser construido en el futuro, cuando las personas adecuadas estén al mando de la experiencia religiosa en Jerusalén.

El documento comienza con una alusión al pacto en el Monte Sinaí (Éxodo 34) y prosigue con una sección larga que se refiere al Templo (cols. 3-13) y a los festivales y los sacrificios que se debían llevar a efecto en sus instalaciones (cols. 13-29). En la próxima sección se describen los balcones y se hace referencia a varias instalaciones importantes (cols. 30-45); y finalmente se alude a las personas y los objetos que deben ser santificados para mantener la pureza del Templo (cols. 45-47). Generalmente las disposiciones legales se fundamentan en lo estipulado en la Biblia, particularmente en el Deuteronomio.[44]

Otro documento legal es de suma importancia para la comunidad, y revela la naturaleza de las diferencias entre el grupo esenio del Mar Muerto y la infraestructura religiosa oficial en Jerusalén. El documento se conoce como Algunas de las obras de la Ley (4QMMT),[45] y es una especie de carta oficial en la cual se ponen de manifiesto una serie de detalles y regulaciones legales; se encontraron seis copias de este documento (4Q394-399).

Las personas que han traducido y editado estos manuscritos, han sugerido que se trata de una correspondencia del grupo qumramita, escrita posiblemente por el Maestro de Justicia y sus seguidores, a sus oponentes en Jerusalén y al sumo sacerdote, posiblemente el Sacerdote Malvado. El propósito básico de la comunicación es identificar de forma precisa las diferencias entre los dos grupos de una forma amigable y respetuosa, que de acuerdo con el documento son divergencias estrictamente legales. Entre las diferencias se subraya el asunto del calendario solar de 364 días y algunos veintidos asuntos específicos que requieren atención especial por parte de la comunidad en Jerusalén.

Literatura de adoración: La comunidad qumramita estaba intensamente preocupada por cumplir fielmente los estatutos divinos y, junto al estudio de las Sagradas Escrituras y a la ponderación de los documentos constitutivos de la comunidad, se dedicaban a la adoración y a las prácticas religiosas. Guardaban las fiestas nacionales y cumplían con los detalles más estrictos de esas observancias.

Junto al mandamiento específico de guardar el día de reposo, o sábado, las Escrituras Sagradas también identifican una serie de fiestas que la comunidad judía debía celebrar. P.e., los calendarios hebreos (Levítico 23) mencionan la Pascua como una celebración solemne, e incluyen tres festivales importantes de peregrinación, en los cuales los hombres judíos debían ir al Templo para ofrecer los sacrificios correspondientes: la de los Panes sin levadura, la de las Semanas y la de los Tabernáculos. La Biblia también alude al día de la Lamentación; y hace referencia a la fiesta de Purim, que los qumramitas no guardaban, pues se fundamenta en las narraciones del libro de Ester, que es uno de los libros bíblicos que no se han encontrado en las cuevas del Mar Muerto.

Para participar y responder efectivamente a esas celebraciones, en Qumrán se desarrolló una importante literatura de adoración. Estas obras intentaban contribuir a la liturgia y deseaban aportar positivamente a la organización de la comunidad en sus diversos momentos cúlticos y en las celebraciones nacionales. P.e., la liturgia angelical o Cánticos para los sacrificios del sábado (4QShirShabb) incluye trece poemas que pueden ser utilizados durante las celebraciones sabáticas;[46] y los textos de calendarios (4Q317-330) apoyan significativamente los esfuerzos de identificación precisa de las fechas para celebrar los festivales nacionales, además de coordinar la participación semanal de los grupos de sacerdotes en las festividades.

Junto a estas preocupaciones de corte litúrgico, se manifiestan en los manuscritos varios documentos que se pueden interpretar en la tradición de los salmos bíblicos. Estos rollos han recibido el nombre de *Hoyadot*, o himnos de acción de gracias, pues incluyen como veinticinco salmos individuales que inician con una expresión clara de gratitud (1QH; 4Q427-433).[47]

Otros textos poéticos que tienen implicaciones de adoración, que han sido descubiertos en Qumrán, son los siguientes: Salmos de Josué (4Q378-379), Salmos apócrifos (4Q434-438), obras litúrgicas (4Q392-393), obras de alabanzas (4Q434-438), y algunas oraciones (4Q286-293, 439-456; 11Q11, 14-16).

Obras escatológicas: Una característica importante de la comunidad de Qumrán es la particular y definida perspectiva escatológica que presentan sus escritos. Inclusive, algunas obras que fueron redactadas antes de la fundación del grupo en el desierto,[48] manifiestan esa clara tendencia de comprender la historia presente como si fuera el final de los tiempos, como si se viviera el tiempo del fin. Por esa razón, posiblemente, se incorporaron en Qumrán, donde vivían orientados hacia la era mesiánica venidera.

Posiblemente la obra escatológica del Mar Muerto más conocida es el Manual de Guerra, del cual se encontraron fragmentos en la primera cueva (1QM)[49] y en la cuarta (4Q491-496). El documento describe en esencia la gran batalla final entre los hijos de la luz contra los hijos de la tinieblas, en la cual no hay duda alguna que se trata del conflicto final y definitivo de la historia humana. La guerra durará cuarenta años, y finalmente la victoria corresponderá a los hijos de la luz, por la intervención salvadora del Señor.

Junto a los detalles de las batallas y los años de conflicto, el documento, además, describe las trompetas, las formaciones y las armas que deben ser utilizadas en combate. El conflicto se interpreta desde la perspectiva de la guerra santa en la que Dios interviene para darle la victoria a su pueblo.

En varias cuevas[50] se encontraron copias de un documento novel que describe la Nueva Jerusalén del futuro. La obra, que revela algunas similitudes con las perspectivas teológicas del profeta Ezequiel (Ezequiel 40-48) y con las aspiraciones espirituales del Apocalipsis de Juan (Apocalipsis 21), pone de manifiesto, en una visión, detalles importantes y medidas precisas de casas, calles, puertas, torres, entradas y escaleras de la nueva ciudad restaurada. La obra es un monumento a la esperanza de la comunidad: aunque no vivían en Jerusalén ni disfrutaban de los actos litúrgicos en el Templo, confiaban algún día ver sus aspiraciones cumplidas.

Textos de sabiduría: En una muy buena tradición bíblica, los miembros de la comunidad de Qumrán afirmaban la importancia de la sabiduría popular y articulaban consejos y proverbios sabios. Se han descubierto en las cuevas algunos manuscritos con un lenguaje y una teología similar a la que se pone de manifiesto en la literatura bíblica sapiencial: p.e., Proverbios, Job, Eclesiastés, entre otros.

Algunos proverbios del Mar Muerto alertan a los hombres de las mujeres que pueden tentarles (4Q184), y otros estimulan la sabiduría al recordar las intervenciones milagrosas de Dios en la liberación de Egipto (4Q185).

El Rollo de Cobre: Un manuscrito especial se encontró en la tercera cueva; no estaba escrito en cuero ni en papiro como la totalidad de los documentos descubiertos: el material era cobre[51] y por los años de oxidación fue muy difícil ponerlo en condiciones legibles para los estudiosos.[52]

El contenido del documento es interesante e intrigante. Se identifican sesenta y cuatro lugares en Palestina en los cuales están escondidos los tesoros de la comunidad, que consisten en grandes cantidades de oro y plata. Algunos estudiosos piensan que se trata de los tesoros del Templo que se escondieron a raíz de la primera revuelta judía contra los romanos. Otros, sin embargo, piensan que se trata más bien de las riquezas de Bar Kokhba y su grupo, durante la segunda gran revuelta judía.

Documentos legales de la comunidad: También en Qumrán se encontraron documentos legales y comerciales que indican que la comunidad llevaba a efecto sus transacciones con un buen nivel de supervisión y administración sana. En la cuarta cueva se encontraron varias cartas (4Q342-343), un reconocimiento de deuda (4Q344), un documento de compraventa de una propiedad

(4Q349), algunas cuentas de las cosechas (4Q350-354) y algunos informes económicos (4Q355-358).

---

[1] El número preciso es muy difícil de determinar porque muchos fragmentos son muy pequeños y casi indescifrables. Seguimos en esta sección principalmente los estudios de VanderKam, *op.cit.*, pp. 29–70.

[2] De todos los manuscritos y los fragmentos descubiertos, se pueden analizar y estudiar, con cierto grado de efectividad y precisión, como 530; el resto del material es fragmentario e indescifrable. VanderKam, *op.cit.*, p. 69.

[3] Seguimos aquí los estudios y el análisis de los documentos preparado por Stegemann, *op.cit.*, pp. 80–85. Otras maneras o modos alternos de organizar y estudiar los manuscritos de Qumrán se encuentran en las obras de VanderKam, *op.cit.*; Vermes, *op.cit.*; Schiffman, *op.cit.*; García Martínez, *op.cit.*

[4] A este grupo pertenecen los manuscritos de Isaías y el del Manual de la Comunidad, junto a los himnos, o *Hoyadot*, que se descubrieron principalmente en la primera cueva.

[5] P.e., se encontraron muchas copias de los Salmos, Isaías y Deuteronomio, que puede ser un indicador de la importancia que tenían esos libros bíblicos en Qumrán; también se pueden identificar varias copias de libros apócrifos, como el de Jubileos.

[6] En una antigua sinagoga de El Cairo, se descubrieron varios manuscritos medievales de gran importancia para los estudios del judaísmo; p.e., se identificaron copias del Documento de Damasco y el de la Sabiduría de Sirac.

[7] Los «tefillim» (en hebreo, «oraciones») se relacionan con la antigua costumbre judía de escribir en un pedazo de cuero algunas porciones de las Sagradas Escrituras y guardarlas en una pequeña caja que posteriormente se usaba en la frente o en el brazo. Generalmente se escribía Deuteronomio 6.4-9 ó 11.13-21; también Éxodo 13. 1-10 ó 11-16. Los «mezuzot» (en hebreo, «en las puertas») son las cajas con textos bíblicos que se ponían en las puertas para incentivar continuamente la piedad judía.

[8] De la cueva cuatro, se encontraron veintiún «tefillim»; de la primera cueva se pudo descubrir únicamente uno; de la quinta cueva se han identificado tres (aunque no se han podido abrir); y uno adicional de la cueva octava. Los descubrimientos de los «mezuzot» han sido en la cueva cuatro, siete copias, y uno adicional de la octava cueva.

[9] Estoy consciente del anacronismo del uso del término «bíblico» para referirme a documentos que provienen de un período en el cual el canon todavía no se había definido totalmente, pues el reconocimiento y aprecio de los libros todavía estaba en un estado de fluidez teológica. En la época de los esenios del Mar Muerto diversos grupos judíos tenían opiniones divergentes en torno a los libros que reconocían con autoridad divina. En la iglesia cristiana el reconocimiento del canon vino posteriormente. Véase a Vremes, *op.cit.* pp.170–180; Schiffman, *op.cit.*, pp. 161–180.

[10] Seguimos aquí a VanderKam, *op.cit.*, pp. 30–31, que actualiza la identificación de los documentos hasta el año 1994.

11 El libro de Ester explica y afirma la fiesta de purim, que no era parte de las celebraciones religiosas y nacionales aceptadas entre los esenios del Mar Muerto. La falta de manuscritos de este libro se puede explicar desde esta perspectiva. Es muy importante notar, sin embargo, que entre los manuscritos se encontró una obra (con seis copias) que incluye una serie de narraciones similares a las que aparecen e incluyen en el bíblico libro de Ester, que se ha identificado como ProtoEster (4Q550).

12 Como en la antigüedad se pensaba que los libros de Esdras y Nehemías constituían una sola obra, posiblemente Nehemías estaba representado en Qumrán por su conexión con Esdras. Sin embargo, mantenemos aquí la referencia a la no inclusión de Nehemías, para recordar que todavía no se ha descubierto y publicado referencia alguna a ese libro de la Biblia entre los descubrimientos del Mar Muerto.

13 VanderKam, *op.cit.*, p. 31. Algunos rollos descubiertos contienen más de un libro de la Biblia; p.e., Éxodo y Levítico.

14 En otros lugares del desierto de Judea se encontraron diecinueve copias adicionales de manuscritos bíblicos; VanderKam, *op.cit.*, p. 31.

15 Es importante e interesante notar que estos tres libros son también los más utilizados y citados por los escritores del Nuevo Testamento.

16 Algunos de los manuscritos de la Ley se escribieron en una forma antigua de escritura hebrea, para afirmar el aprecio que les tenían.

17 VanderKam, *op.cit.*, pp. 32–33.

18 En torno a la identificación y las divisiones en las categorías de los libros y manuscritos descubiertos en las cuevas de Qumrán, véase a VanderKam, *op.cit.*, pp. 34–43; Stegemann, *op.cit.*, pp. 80–138.

19 Véase la introducción a los libros apócrifos y deuterocanónicos que incluyo en mi libro, S. Pagán, *Palabra viva* (Miami: Editorial Caribe, 1995).

20 Los libros apócrifos para los protestantes o las secciones deuterocanónicas para las comunidades católicas son los siguientes: Tobit, Judit, 1 y 2 Macabeos, Sabiduría de Salomón, Eclesiástico (también conocido como la Sabiduría de Jesús ben Sira o Sirac), Baruc (cuyo capítulo 6 se conoce como la Carta de Jeremías), y finalmente ocho secciones adicionales al libro canónico de Ester y tres secciones adicionales al libro de Daniel (Susana, Oración de Azarás y el cántico de los tres jóvenes, y Bel y el dragón).

21 Esta obra de piedad judía posiblemente se redactó en el siglo tercero a.C. Antes de los descubrimientos de Qumrán, la versión más antigua que se tenía de este libro estaba escrita en griego, aunque se pensaba que era una traducción de un texto semítico. En las cuevas del Mar Muerto se encontraron cuatro copias en arameo y una en hebreo (4Q196-200).

22 Aunque esta obra se discute en varios documentos rabínicos, con el tiempo dejó de utilizarse en la comunidad judía, y por consiguiente no hay muchas copias disponibles. Sin embargo, en la sinagoga de El Cairo se encontró una sección mayor del libro, también en la fortaleza de Masada se descubrieron varias secciones importantes del texto hebreo, y en Qumrán se han identificado copias de la obra en las cuevas dos y once (2Q18 y 11QPs a).

²³ Del resto de los capítulos del libro, que originalmente se debe haber escrito en hebreo, no se han encontrado copias.

²⁴ Véase particularmente a García Martínez, *op.cit.*, p. 348.

²⁵ Aunque la definición precisa de esta categoría literaria es un tanto ambigua, la más reciente publicación de estos libros, que están relacionados con el Antiguo Testamento, es la de James. H. Charlesworth, ed., *The Old Testament Pseudoepigrapha*. 2 vols. (Garden City, N.Y.: Doubleday, 1983–85).

²⁶ Algunas personas han explicado esta práctica antigua como una forma invertida de plagio: el autor o la autora no publica bajo su nombre el trabajo de otra persona, sino que utiliza el nombre y el reconocimiento de otra persona para afirmar y presentar su escrito.

²⁷ En torno a esta obra, véase a García Martínez, *op.cit.*, pp. 295–309.

²⁸ Estos capítulos de la obra de Enoc han sido estudiados con detenimiento por los eruditos del Nuevo Testamento por las importantes referencias a una figura especial conocida como «el hijo del hombre», que finalmente se identifica como Enoc. Véase también a J.T. Milik, *The Books of Enoch: Aramaic Fragments of Qumran Cave 4* (Oxford: Clarindon Press, 1976).

²⁹ Antes de los descubrimientos de Qumrán, se disponía únicamente del libro de los Jubileos en su versión etiópica; también se conservaban algunos capítulos de una antigua traducción latina. En las cuevas del Mar Muerto, sin embargo, se descubrieron varios textos hebreos que sirvieron de base para las traducciones griegas, que a su vez fueron utilizadas para las posteriores versiones etiópicas y latinas; VanderKam, *op.cit.*, pp. 39–40.

³⁰ La comparación de las traducciones etiópicas y latinas con los manuscritos hebreos descubiertos en las cuevas, revela que en grandes porciones de la obra se reproducen las palabras de forma literal y directa. Ese interés literalista junto a la cantidad de manuscritos ubica este libro como uno de los más preciados y respetados de la comunidad. VanderKam, *op.cit.*, pp. 39–40.

³¹ Respecto a esta importante obra, véase a García Martínez, *op.cit.*, pp. 315–319.

³² Algunos estudiosos cuestionan la nomenclatura del documento y prefieren llamarlo «Documento arameo de Leví», pues muestra características diferentes al resto de los llamados «testamentos»; VanderKam, *op.cit.*, pp. 40–41.

³³ Respecto al estudio del Génesis Apócrifo, véase a García Martínez, *op.cit.*, pp. 280–287.

³⁴ Seguimos en esta sección la presentación de VanderKam, *op.cit.*, pp. 43–69.

³⁵ Respecto a los «peshers» y la exégesis en Qumrán, véase a W.H. Brownlee, «Biblical Interpretation Among the Sectaries of the Dead Sea Scrolls», *BA* 14 (1951), pp. 54–76.

³⁶ Respecto a los salmos, es importante indicar que en Qumrán se pensaba que David tenía cualidades proféticas (véase a 11QPs a *xxvii*.4-11). En el Nuevo Testamento también se revela esta interpretación profética de la figura de David (Hechos 2.29–31).

[37] VanderKam, *op.cit.*, pp. 51–52.

[38] Véase a García Martínez, *op.cit.*, pp. 274–280.

[39] La descripción de estos materiales como «paráfrasis» no es la más feliz; sin embargo, voy a mantener la nomenclatura en este estudio para no confundir al lector avisado que desee identificar y leer estos manuscritos; VanderKam, *op.cit.*, p. 55.

[40] En el 1896 el erudito judío Solomon Schechter descubrió en una antigua sinagoga en el Cairo dos copias del documento en una *geniza*, que es el lugar donde los rabinos judíos, desde tiempos muy antiguos, guardan manuscritos en mal estado físico. La publicación de estos manuscritos se llevó a efecto en el 1910. En torno a este tema, véase a garcía Martínez, *op.cit.*, pp. 80–94.

[41] Una copia del documento descubierta en la cueva cuatro revela que las secciones 15–16 del manuscrito se debe incluir entre las comunas 8 y 9. En Qumrán se ha encontrado evidencia de que utilizaban un documento un poco más largo y en un orden diferente; VanderKam, *op.cit.*, p. 56.

[42] La copia que se descubrió en la primera cueva contiene dos documentos de gran importancia para el grupo qumramita: la Regla de la Congregación (1QSa) es un documento en dos columnas que provee las directrices más importantes para la vida durante los últimos días y para la organización del gran banquete escatológico del final de los tiempos; la Regla de las Bendiciones (1QSb) le brinda a diversos líderes de la comunidad las bendiciones necesarias para ejercer sus funciones de forma adecuada. Las copias del Manual que se han encontrado en las otras cuevas no contienen estas reglas adicionales.

[43] El documento fue «obtenido» o «comprado» por el famoso y legendario Yigael Yadin al mercader de antigüedades Kando, luego de la guerra de los seis días, en el 1967.

[44] El estudio comparado de este documento con las creencias rabínicas de la época, indica que sus estipulaciones legales se asemejan más a las que se manifiestan en los grupos esenios y a comunidades marginales del judaísmo, que al tipo de experiencia religiosa, legal y oficial que se vivía en Jerusalén.

[45] El documento se ha identificado con las siglas del nombre hebreo: *Misqat Ma'aseh ha-Torah* (MMT); que en castellano significa: «algunas obras de la Ley». También puede conocerse el documento como la «carta "haláquica"», en alusión a las explicaciones y las implicaciones prácticas de las enseñanzas de la Ley.

[46] Estos salmos se relacionen generalmente con David, que pasó a la historia no sólo como militar y político, sino como poeta y compositor de salmos. En el primer manuscrito de salmos descubierto en la cueva once se indica que David compuso cincuenta y dos salmos, para cada uno de los sábados del año solar.

[47] Véase a J.A. Sanders, *The Dead Sea Psalms Scrolls* (Ithaca, NY: Cornell University Press, 1967).

⁴⁸ La verdad es que algunas obras que se encuentran en Qumrán ya mostraban ese apetito escatológico: p.e., el libro de Enoc, particularmente el Apocalipsis de las semanas (caps. 91 y 93) y el Apocalipsis de los animales (caps. 83-90); el libro de los Jubileos (cap. 23); y Daniel. Además, entre los documentos desarrollados por la comunidad se encuentran secciones importantes que tratan el tema del juicio final o el futuro mesiánico.

⁴⁹ La nomenclatura del manual (1QM) se debe a su nombre en hebreo, *Milhamah*.

⁵⁰ En las cuevas 1, 2, 4, 5 y 11 se encontraron copias de este importante documento. Posiblemente su importancia consiste en el deseo que tenía la comunidad de restaurar la antigua ciudad, no conforme a los patrones de los oficiales que servían en el Templo, sino de acuerdo con otros valores que se manifestaban en la comunidad. Tanto los qumramitas como los cristianos primitivos compartieron esa esperanza.

⁵¹ En torno a documento, véase la obra de John Allegro, *Treasure of the Copper Scroll* (Garden City, NY: Doubleday, 1960).

⁵² El rollo fue «abierto» en Inglaterra, por un profesor de Manchester College, que separó el material en franjas pequeñas que posteriormente pudo leer.

Capítulo 6

LAS MUJERES EN EL MAR MUERTO

*Cuando lleguen esos días,
ellos deben reunir a todos los que se presenten,
desde las criaturas pequeñas hasta las mujeres,
para hacerles oír los preceptos de la Alianza
y para instruirlos en todas sus leyes.*
1QSa *i*.4-5a

¡Celibato en las cuevas!

Desde muy temprano en la historia de los descubrimientos del Mar Muerto y en los procesos de identificación y evaluación de la identidad de la secta, los qumramitas se han identificado particularmente con los grupos esenios que proliferaron en Palestina durante los siglos inmediatos antes y después de la era cristiana. Esos esenios, de acuerdo con la lectura e interpretación de algunos documentos antiguos, se pensaba eran célibes. Fundamentados en esas lecturas, se ha creído y afirmado que los moradores de las cuevas y las ruinas de Qumrán seguían esa tradición de celibato, y no tenían mujeres en sus comunidades.[1]

Esa percepción temprana de la secta[2] debe ser seriamente revisada y radicalmente modificada a la luz de la evidencia arqueológica, y también como resultado del estudio sobrio y sistemático de los documentos. En primer lugar, los trabajos iniciales de investigación en los cementerios han descubierto restos de varias mujeres y de niños, que contrasta marcadamente con la teoría del celibato. Además, la revisión crítica de las fuentes antiguas, pone en evidencia clara que no todas las comunidades esenias eran célibes, y que su relación con las mujeres variaba de acuerdo con el grupo y la comunidad a que pertenecían.

Los documentos que presentan o aluden a los grupos esenios se relacionan con los escritos de tres figuras de importancia capital en la literatura de la antigüedad: Plinio el Viejo, Filón de Alejandría y Josefo.[3] En sus recuentos de la naturaleza, vida y costumbres judías, describen particularmente a los esenios en varios pasajes, en los cuales se pone en evidencia no sólo sus teologías, costumbres y prácticas religiosas, sino que manifiestan las actitudes y percepciones del grupo en torno a las mujeres y también revelan las interpretaciones teológicas y legales que hacían de la sexualidad humana.

Para Plinio, los esenios no tenían mujeres y habían renunciado a todos los deseos sexuales. En esa misma tradición interpretativa se presentan los escritos de Filón, que añaden, en torno al mismo tema, una interpretación particular del asunto: las mujeres afectaban adversamente la estructura de la comunidad. También la obra de Filón revela otras percepciones negativas en torno a las mujeres, que en verdad no son características de los documentos judíos de Palestina; sin embargo, esas referencias adversas a las mujeres abundaban en las reflexiones helenísticas de la época.

No sabemos de dónde Filón obtuvo sus impresiones del grupo esenio, ni cuáles fueron sus motivaciones o fuentes de información para pensar que el grupo era célibe. Lo que sabemos claramente es que intentaba explicar la sociedad y las ideas esenias en el mundo helénico en que vivía. Posiblemente intentaba describir las costumbres extrañas de un grupo sectario palestino, en los términos que la comunidad no judía podía entender y asimilar.

Los escritos de Josefo,[4] por su parte, son de mucha importancia en torno al tema de la feminidad. El famoso historiador antiguo tuvo acceso directo a los diversos grupos judíos de la época, entre los que estaban los esenios. En su descripción del grupo, Josefo presenta dos ideas básicas, que se han diseminado y han afectado sustancialmente las percepciones contemporáneas en torno al grupo. En primer lugar, indica que se abstenían de tener relaciones sexuales para controlar sus pasiones; y añade, además, que fundamentaba esas convicciones en que las mujeres podían tener relaciones ilícitas e infieles con otros hombres, haciendo impuros a los maridos, que debían mantener un muy alto nivel de pureza. Posiblemente, Josefo recibió esas ideas negativas de las mujeres en la comunidad esenia de Filón, que parece haber influenciado sus escritos.[5]

En su obra,[6] Josefo también escribe y describe a «otro grupo» de esenios. De esos grupos alternos indica que no debían llevar «sus esposas» a la comunidad, porque podían traer disensión a la secta y conflicto en el grupo. Revela, además, que los que se oponían al matrimonio negaban el propósito último de la creación y de la vida, que consistía en la procreación de la humanidad. Y añadía, inclusive, que si todo el grupo esenio asumía esa misma actitud y tendencia célibe, el grupo y la humanidad entera se exponía a la aniquilación y el exterminio.

LAS MUJERES EN EL MAR MUERTO

Respecto a las esposas de los miembros de la comunidad, Josefo nos informa que las exponían a un período de prueba intenso de tres años de duración, antes de casarse,[7] y que finalmente consumaban los procesos matrimoniales, luego de tener claras pruebas físicas del potencial de fertilidad[8] que tenía la mujer. Añade el famoso historiador, que los hombres de la comunidad esenia que se casaban no tenían relaciones sexuales con sus esposas mientras estaban embarazadas, para afirmar claramente que la finalidad real del matrimonio no era el placer físico y erótico, sino la procreación y la obediencia al mandato divino de la multiplicación.

El estudio sistemático y detallado de los manuscritos no revela que la comunidad qumramita tenía una actitud hostil hacia las mujeres, que no fuera el rechazo tradicional a la mujer infiel y malvada, que también se pone de manifiesto en la Biblia Hebrea y en otros escritos judíos del Segundo Templo.[9] Tampoco en los manuscritos descubiertos en las cuevas se alude a que el propósito del matrimonio sea únicamente la procreación. De los documentos descubiertos y publicados se desprende claramente que los miembros de la secta esenia que vivían en Qumrán eran vigilantes y celosos en torno a la fidelidad matrimonial. El matrimonio y la vida familiar eran valores que se daban por sentados en los documentos y en las interpretaciones legales que daban a los textos bíblicos y a los manuscritos sectarios.

Posiblemente, el grupo de esenios que vivía en las cuevas del Mar Muerto era del sector que contraía matrimonio, de acuerdo con las descripciones de la secta que se incluyen en los escritos de Josefo. No había muchas mujeres en la comunidad, pues los que se mudaban a Qumrán a vivir temporeramente estaban particularmente interesados en estudiar las doctrinas del grupo y en prepararse adecuadamente para su incorporación plena en la secta. Posiblemente se ponían de acuerdo con sus esposas para separarse por algún tiempo de sus familias para dedicarse al estudio. Las mujeres que vivían en la comunidad del desierto eran, posiblemente, las esposas y familias de los líderes esenios que se mantenían permanentemente en la comunidad del Mar Muerto.

Mujeres en los manuscritos

El estudio de la presencia de mujeres entre los esenios puede iniciarse con el análisis detallado de la sección «Fragmentos zadoquitas», mejor conocida como «Documento de Damasco».[10] Aunque se puede pensar que este documento describe prioritariamente las prácticas y las costumbres de los esenios que vivían en diversas comunidades palestinas fuera del Mar Muerto, este importante escrito puede darnos una buena idea del concepto del matrimonio y de la mujer que imperaba en algunos círculos sectarios. En efecto, la lectura cuidadosa del documento revela que la comunidad afirmaba a la mujer y celebraba la vida matrimonial, y que la fidelidad conyugal era un principio familiar apreciado y un valor religioso fundamental celebrado.

En primer lugar, los documentos aceptan el matrimonio, rechazan abiertamente la poligamia y celebran la fidelidad (CD $iv.20$-$v.2$). Revelan, en efecto, que el hombre debe tener una sola mujer, a la cual debe ser fiel mientras viva; y aunque se permite la separación y el divorcio, no se afirma ni se aprueba el recasamiento, hasta que la primera esposa haya muerto. Específicamente se prohíbe el matrimonio de algún varón con una sobrina, que era un punto de conflicto entre fariseos y saduceos (CD $v.7$-8).[11] Se afirma, repetidamente, que el hombre no debe ofender a su esposa, y debe abstenerse de fornicación; además, se indica claramente que no se deben tener relaciones sexuales en las proximidades del Templo de Jerusalén (CD xii.1-2).

De la lectura de esos documentos se desprende que la mujer tenía una posición importante en sus comunidades, y también se pone en clara evidencia que había grupos esenios no célibes, que posiblemente habitaban en Qumrán, como lo demuestran, no sólo las referencias a las mujeres en los manuscritos evaluados, sino el resultado de las pruebas arqueológicas.

En otros pasajes del Documento de Damasco se alude a las leyes de pureza, específicamente en relación a las mujeres (CD-A ix.1-2), se atienden asuntos y problemas de familias (CD vii.6-7), se describen los votos y compromisos matrimoniales en relación con el padre o el esposo (CD xvi.10-11), se exhorta a los padres a cotejar que las novias de sus hijos sean apropiadas para el matrimonio (4QD-c i.8-10), y se revelan las restricciones para contraer matrimonio con mujeres de moralidad cuestionable (4QD-c *i*.18-21).

En efecto, estos documentos ponen en evidencia que las mujeres tenían su espacio vital en la comunidad esenia de Qumrán, y que se debía prevenir al grupo de hombres para que no contrajeran matrimonio con mujeres inapropiadas e impuras.

Otros manuscritos revelan nuevos niveles de acción e importancia de las mujeres entre los esenios del Mar Muerto. Del documento conocido como la Regla de la Congregación, que describe la vida de la comunidad en la era mesiánica, se desprende que en la época de los últimos días la comunidad incluirá a las mujeres y los niños, y se indica explícitamente que los miembros de la comunidad mantendrán relaciones sexuales (1QS a *i*.4; *i*.8-11). Y añade, inclusive el documento, en la sección que describe las diferentes etapas de la vida,[12] que a los veinte años los jóvenes pueden iniciar su actividad sexual. Ciertamente, la comunidad que afirmaba las enseñanzas que se ponen de manifiesto en estos documentos entendía que la era mesiánica ideal incluía la presencia de mujeres y que las relaciones sexuales eran parte integrante de la vida normal de sus miembros.[13]

En el «Rollo del Templo» se incluye una serie extensa de regulaciones del matrimonio, que resalta una vez más el valor y la presencia de la mujer en la comunidad. Se identifican los matrimonios permitidos y los no permitidos (11QTem *lxvi*.15-17); se alude a las reglas de pureza, particularmente aplicadas a las mujeres (11QTem *xlviii*.14-17); y se regulan las responsabilidades del hombre que desea casarse con una mujer que se ha recibido como botín de guerra (11QTem *lxiii*.10-15). El documento confirma que las mujeres no eran un sector ignorado o rechazado de la comunidad, sino que formaban parte del acervo del grupo.

La mujer en la poesía

En la literatura poética de Qumrán se pone en clara evidencia las imágenes de la mujer que se tenía en la comunidad. Por lo menos, cuatro ideas principales se revelan en los documentos: la mujer como seductora que atrae y lleva al hombre al pecado; la mujer como símbolo de la sabiduría, que se describe en términos eróticos; la mujer como la madre del Mesías; y, finalmente, la mujer como compañera sexual, que pone en evidencia la importancia del erotismo en la comunidad. Estas ideas, que ciertamente se fundamentan en la Biblia Hebrea, se desarrollan y expanden en la literatura encontrada en el Mar Muerto.

Para ilustrar las ideas antes expuestas, voy a citar varios pasajes que se explican por sí solos.

En torno a la mujer malvada y pecaminosa, que incita y mueve al hombre a pecar, desorientarse y desobedecer la voluntad divina, se descubrió un muy importante poema sapiencial en la cuarta cueva, que se conoce como «La mujer demoníaca» (4Q184). Este poema, que tiene secciones de muy difícil lectura, incomprensibles o ilegibles, es un magnífico ejemplo de la percepción de la mujer como fuente de maldad:

«Ella busca siempre aberraciones
y afila las palabras de su boca,
y la burla la insinúa,
y se emplea en extraviar la comunidad con tonterías.
Su corazón trama trampas,
y sus riñones [redes.]
[Sus ojos] se han profanado con iniquidad,
sus manos bajan a la fosa,
sus pies descienden para obrar impíamente,
y para marchar a los delitos (vv. 1b-3).
....
Sus velos son sombras del crepúsculo
y sus ornamentos plagas de corrupción.
Sus camas son lechos de corrupción
[...] de fosos profundos (vv. 5-6a).
....
Ella es el comienzo de todos los caminos de impiedad.
¡Ay! Es la ruina de todos los que la heredan,
y el desastre de todos los que la tienen.
Porque sus caminos son caminos de muerte,
y sus vías senderos de pecado (vv. 8-9a).
....
Para extraviar al hombre en los caminos de la fosa,
y seducir con lisonjas a los hijos del hombre» (v. 17).[14]

Los manuscritos del Mar Muerto también presentan a la mujer positivamente como símbolo de la sabiduría. Uno de los poemas descubiertos en la oncena cueva, que utiliza un lenguaje erótico figurado, pone en evidencia clara el deseo del hombre de conquistar la sabiduría, que se presenta como una muy bella y sensual mujer. La relación sexual, en este poema, no es el resultado del pecado ni producto de la infidelidad; se presenta como la culminación del amor, que propicia el llegar a un nuevo nivel más elevado y hermoso de la sabiduría.

La búsqueda de la sabiduría, en este poema, se compara con la relación sexual, que se ubica en un nivel óptimo de placer y virtud. El poema es un buen ejemplo del uso de la imagen de la mujer desde la perspectiva sobria de la sabiduría. Es un acróstico conocido como el «Himno a la sabiduría» (11QSal *xxi*.11-17),[15] y dice:

«Siendo aún joven, antes de torcerme,
yo la busqué.
Vino a mí en toda su belleza
cuando al fin yo la descubrí.
Como la flor que cae al madurar las uvas
alegrando el corazón,
así mi pie marchó directamente;
pues desde la juventud la he conocido.
Incliné un poco mi oído
y encontré gran seducción.
Ella fue para mi una nodriza;
a mi maestra entregué mi honor.
Me propuse divertirme,
encelado del bien,
sin descanso.
Quemé en ella mi alma
sin retorno.
Inflamé mi deseo por ella
y en mi exaltación no estuve tranquilo.
Mi mano abrió [sus puertas]
y yo examiné su desnudez.
Limpié "mi mano" [...]».

Respecto al tema positivo de la mujer como madre del Mesías, los manuscritos de Qumrán presentan una evidencia teológica y literaria muy importante. Incluyen el uso grato de la imagen de la mujer, que se presenta, en un idioma figurado, como la que da a luz una nueva era, la época escatológica del Mesías prometido. El poema se incluye en la colección de himnos conocidos como *Hoyadot* (1QH *xi*.6-10),[16] y dice:

> «Ahora, mi alma [...]
> me han contado, y he puesto el alma
> como un barco en las profundidades [del mar],
> como ciudad sitiada frente [a sus enemigos].
> Yo estaba angustiado
> como una parturienta primeriza
> cuando le llegan los dolores de parto
> y un dolor atormenta su útero
> para hacer comenzar el nacimiento en el "horno" de la preñada.
> Ya que los hijos llegan de los bordes de la muerte,
> y la que está encinta del hombre está angustiada en sus dolores,
> porque de los bordes de la muerte
> da a luz un varón,
> y surge de los dolores del Sheol,
> del "horno" de la preñada,
> un admirable consejero con su fuerza
> y el hombre es liberado del útero».

Y finalmente en los manuscritos se encuentran referencias a la mujer como compañera de placeres sexuales y eróticos. De particular importancia en torno a este tema es la descripción detallada de la belleza de la mujer que se incluye en el Génesis Apócrifo (1QapGn *xx*.2-8a). El texto, que claramente se basa en y articula la belleza legendaria y bien conocida de Saraí, la esposa de Abrahán, se fundamenta efectivamente en la narración de Génesis 12.14-15:

> «¡Qué resplandeciente y hermosa es la forma de su rostro,
> y que [...] [...] qué suave el cabello de su cabeza!

¡Qué preciosos son sus ojos;
cómo es agradable su nariz
y toda la lozanía de su rostro [...]!
¡Qué gracioso es su pecho,
y qué hermosa toda su blancura!
¡Cómo son bellos sus brazos!
Y sus manos, ¡qué perfectas!
¡Qué atractivo es todo el aspecto de sus manos!
¡Qué preciosas son las palmas de sus manos,
y cómo son largos y sutiles todos los dedos de sus manos!
Sus pies, ¡qué hermosos!
¡Qué perfectas sus piernas!
Ninguna virgen o esposa
que entra en la cámara nupcial
es más bella que ella.
Por encima de todas las mujeres resalta su belleza;
su hermosura está por encima de todas ellas.
Y con toda esta belleza, hay en ella una gran sabiduría.
Y todo lo que hace con sus manos es perfecto».

Esta descripción de la mujer en el texto apócrifo de Génesis, no es compatible con la filosofía de vida de una comunidad célibe. En efecto, en Qumrán había mujeres y los miembros de la secta participaban de una vida familiar saludable, que incluía el disfrute de la sexualidad humana.

Del estudio de los documentos del Mar Muerto se desprenden varios postulados teológicos y prácticos de importancia para la comunidad: en primer lugar, los qumramitas no eran célibes, tenían sus esposas y mantenían sus familias; afirmaban y celebraban, además, la presencia de mujeres en sus comunidades incluyendo en el desierto de Judá; tenían a sus familias con mucha responsabilidad, dignidad, fidelidad y decoro; y, finalmente, entendían que mantener una vida célibe atentaba contra la voluntad divina de procreación.

En Qumrán, la sexualidad humana era vista como algo natural, que ciertamente beneficiaba al grupo. No eran célibes que escapaban de sus responsabilidades familiares y humanas; por el contrario, en sus interpretaciones teológicas y en el desarrollo de sus doctrinas incorporaron un nivel de respeto y aprecio hacia la mujer, que se pone de manifiesto en su literatura.

Es importante entender en torno a la comunidad qumramita, que no hay muchos restos de mujeres y niños en los cementerios, porque únicamente venían al Mar Muerto las esposas y las familias de los que se mantenían y vivían permanentemente en el desierto. Las familias de los principiantes que iban a Qumrán únicamente por un tiempo limitado para recibir las instrucciones y llegar a ser miembros permanentes de la comunidad,[17] permanecían en sus comunidades hasta que los iniciados finalizaban sus estudios y eran aceptados como parte de la secta.

---

[1] La relación que se estableció entre el celibato y el grupo que vivía en Qumrán también se ha asociado con el interesante y peculiar hecho de que los primeros investigadores que trabajaron sistemáticamente en las cuevas y en las ruinas eran sacerdotes—p.e., el Padre Roland de Vaux. Se ha pensado, inclusive, que fundamentados en sus propias experiencias, interpretaron la comunidad como célibe, y desarrollaron las teorías de la comunidad qumramita como monástica; Schiffman, *op.cit.*, pp.16–19.

[2] Algunos estudiosos contemporáneos han acusado a la primera generación de investigadores, que en su mayoría eran cristianos—y algunos eran sacerdotes—de imponer los conceptos de vida monástica sobre la comunidad de Qumrán (p.e., Schiffmann, *op.cit.*, pp. 127–129). Aunque esa percepción y crítica puede tener alguna validez, la verdad es que los manuscritos, las cuevas y las instalaciones físicas de la comunidad estudiada apuntan hacia ese tipo de vida en el grupo.

[3] Las obras fundamentales en las que estos escritores antiguos abordan el tema de los esenios y el celibato son las siguientes: Plinio, *Historia natural*, 5, 73; Filón, *Hipotetica* 11, 14; y Josefo, *Las guerras de los judíos* 2, pp. 120–121, 160–161. La traducción al castellano de las secciones pertinentes a los esenios se encuentra en Edmund F. Sutcliffe, *Los monjes de Qumrán, según los manuscritos del Mar Muerto* (Barcelona: Ediciones Garriga, 1962).

[4] Josefo, *Las guerras de los judíos* 2, pp. 120–121.

[5] Schiffmann, *op.cit.*, pp. 127–128.

[6] Josefo, *Antiguedades*, 18.21.

[7] Respecto a la práctica del período de prueba de tres años, posiblemente se refiere a algún tipo de compromiso formal en el cual las mujeres debían probar su fidelidad a los valores de la secta y también debían afirmar su aceptación a las ideas, doctrinas y prácticas del grupo.
En torno a las relaciones sexuales únicamente para la procreación, es importante indicar que otros grupos judíos de la época, particularmente los más piadosos, tenían las mismas convicciones; véase Schiffmann, *op.cit.*, pp. 128–129.

[8] Es muy difícil de precisar la naturaleza y las particularidades de esta prueba, que posiblemente consistía en asegurarse que la mujer estaba en condición de procreación, aunque fuera desde una perspectiva externa y física.

[9] Schiffman, *op.cit.*, pp. 127–128.

10 Respecto al estudio crítico de este documento puede estudiarse la importante obra de M. Burrows, ed., *The Dead Sea Scrolls of St. Mark's Monastery*, vol. 2, fasc. 2 (New Heaven: ASOR, 1951).

11 En este sentido eran más estrictos que otros grupos judíos de la época que aceptaban esa práctica, y aún la incentivaban; véase a Schiffman, *op.cit.*, pp. 130–132.

12 Esta sección es importante e interesante para la comprensión adecuada del grupo, pues pone de relieve el concepto de humanidad que tenían, particularmente revelan sus percepciones del desarrollo humano. En la niñez, hasta los diez años, se dedicaban a estudiar las leyes del pacto; a los veinte años podían casarse y servir de testigos; los veinticinco años era la edad mínima para entrar en la vida militar y judicial; a los treinta, podía servir como oficial; los cuarenta era la edad mínima para servir como líder en las batallas; los cincuenta era la edad máxima para servir como *mevaqqer* o líder de la comunidad; y los sesenta era la edad máxima para servir en entornos juduciales; véase a Schiffman, *op.cit.*, p. 134.

13 En un documento fragmentario, y de muy difícil interpretación descubierto en la cuarta cueva, conocido como el «Rito Matrimonial», se han identificado referencias continuas a la vida familiar y sexual de la comunidad: véase a Schiffman, *op.cit.*, pp.135–136.

14 Véase la traducción completa del poema en García Martínez, op.cit., pp. 406–407.

15 Este poema acróstico tiene grandes similitudes con el que se incluye en el libro de la Sabiduría de Jesús ben Sirá (51.13-19); véase a Schiffman, *op.cit.*, p. 140, y a García Martínez, *op.cit.*, pp. 344–245.

16 Schiffman, *op.cit.*, pp. 141-142; García Martínez, *op.cit.*, pp. 368–369.

17 Schiffman, *op.cit.*, pp. 127–143.

Capítulo 7

LOS MANUSCRITOS Y LAS TRADUCCIONES

«Mas el justo por su fe vivirá» (Habacuc 2.4b).
La interpretación de esto se refiere
a todos los que practican la ley en la casa de Judá.
Dios los salvará en el juicio
causa de sus sufrimientos
y de la fe en el Maestro de Justicia.
1QpHab *viii*.1-2

Transmisión de los manuscritos

Una de las contribuciones más importantes de los descubrimientos de los manuscritos del Mar Muerto y del resultado de las investigaciones arqueológicas en la región se relaciona con la comprensión de los procesos de transmisión de los textos bíblicos y de las traducciones de la Biblia. Esos documentos, en efecto, han aportado significativamente al estudio del canon[1] de la Biblia Hebrea, y también han apoyado la comprensión adecuada de las complejas dinámicas políticas, sociales, teológicas y religiosas de canonización y transmisión de los documentos sagrados para la comunidad judía.[2] Los manuscritos de Qumrán ahora se unen significativamente a los testimonios antiguos más importantes de la Biblia Hebrea: el Texto Masorético, la versión griega o Septuaginta (LXX), y el pentateuco Samaritano.[3]

La comprensión del judaísmo que se vivió en Palestina los siglos antes y después de la era cristiana debe tomar seriamente en consideración la comprensión adecuada del canon y del texto bíblico. El canon es la colección de escritos religiosos que adquirieron gran autoridad moral y espiritual para la comunidad judía, independientemente de la afiliación teológica, ideológica y sectaria del grupo. Constituye esencialmente el récord claro, preciso, definido y por escrito de la revelación divina directa e indirecta a la humanidad. Al comprender el proceso de canonización, se puede entender la revelación de Dios a su pueblo, Israel, y a la humanidad.[4]

El texto bíblico, por su parte, es el documento en sí que incluye la revelación divina. Por la naturaleza teológica y espiritual de los documentos, y también por la complejidad de los procesos, es muy importante determinar con precisión las palabras exactas y la fraseología específica que se utilizaron para comunicar y transmitir el mensaje y la voluntad de Dios.

El proceso de transmisión de los textos que tenían gran significación social, política y religiosa para la comunidad judía, fue complejo y dinámico que ciertamente tomó siglos. Consistió en varias etapas fundamentales, que van desde las narraciones orales, en las cuales los relatos y los poemas de importancia teológica y espiritual se transmitían en la oralidad—p.e., en los diálogos religiosos y en las celebraciones cúlticas de las comunidades que los aceptaban con autoridad—continúa con los procesos de aceptación y reconocimiento de autoridad por las comunidades religiosas, hasta el período en que por su importancia y uso se fijaron las tradiciones orales en diversas formas escritas.

Al principio del proceso, esas formas escritas de los textos se transmitían y copiaban con bastante fluidez y libertad de parte del copista. Con el tiempo, sin embargo, el texto sagrado fue adquiriendo su identidad propia y dignidad, que se mantenían y respetaban en las transmisiones y en los procesos de copiado.[5]

Las comparaciones de los manuscritos de Qumrán con los documentos que han servido de base a las traducciones contemporáneas de la Biblia revelan gran afinidad y relación. Las variaciones en los manuscritos, luego de haberse fijado el texto por escrito, son mínimas. Si se eliminan los errores o dificultades incorporadas en los procesos relacionados con las dinámicas de copiado, las diferencias textuales en su gran mayoría son variantes en la escritura de algunas palabras.[6]

Los descubrimientos de manuscritos en el desierto de Judá también han provisto a las ciencias exegéticas y de traducción una serie novel e importante de documentos que presentan el texto bíblico en una etapa temprana de redacción y aceptación. El manuscrito de Isaías descubierto en la primera cueva, por ejemplo, antecede por siglos a los documentos y manuscritos escriturales previos que se disponían para llevar a efecto las revisiones de las ediciones críticas de la Biblia y sus traducciones modernas.[7] Se dispone en la actualidad, y gracias a los hallazgos en las cuevas del Mar Muerto, de una serie importante y nueva de manuscritos que nos permiten comparar los testimonios escriturales medievales disponibles en hebreo y griego, con los textos más antiguos recién obtenidos del desierto de Judá.

En las cuevas de Qumrán se descubrieron como ciento ochenta manuscritos diferentes de los libros que se incluyen en la Biblia

Hebrea, que se pueden fechar con bastante exactitud,[8] como a mil años antes de los que se disponían antes de los hallazgos del 1947 en el Mar Muerto.[9] Esos nuevos manuscritos han arrojado gran luz en la comprensión de varios pasajes bíblicos difíciles, han provisto documentación clara para revisar algunas traducciones ambiguas o complejas de la Biblia Hebrea, y han contribuido, además, a la superación de varios problemas textuales de importancia. Con los manuscritos de Qumrán, los estudiosos tienen acceso directo a los textos sagrados que la comunidad judía leía, estudiaba y comentaba en la época de Jesús, en ese importante período también conocido en las comunidades judías como del «Segundo Templo».

El análisis sistemático de los manuscritos bíblicos descubiertos en la cuevas ha incentivado y propiciado varios cambios en las traducciones de las Sagradas Escrituras. En verdad, los cambios no han sido muchos, pues la evaluación sobria y sosegada de los manuscritos revela que en muchas ocasiones las lecturas de los nuevos documentos de Qumrán corroboran y afirman las lecturas de los textos bíblicos que ya teníamos disponibles antes de los famosos descubrimientos. Sin embargo, aunque la tarea de comparación y revisión de manuscritos ha sido compleja y tediosa—pues muchos documentos están en estado fragmentario y el proceso de publicación ha sido lento—el resultado de los estudios ha sido importante para las traducciones de la Biblia.

Cambios en las traducciones de la Biblia Hebrea

A continuación se identifican los pasajes más importantes de la Biblia Hebrea que pueden tener algún cambio, que han recibido alguna modificación, o que pueden comprenderse mejor o de forma alterna como resultado de los descubrimientos y la evaluación de los manuscritos del Mar Muerto. En ocasiones los cambios son minúsculos, y se deben esencialmente a diferencias relacionadas con la confusión de alguna letra hebrea o la omisión de alguna palabra o sección en los procesos de dictado y redacción de las copias de los manuscritos. En otros casos, las variaciones se deben a que los documentos que se han transmitido y que están disponibles se han deteriorado a través de los siglos, y han llegado a nosotros tan físicamente defectuosos que su mera lectura resulta difícil, compleja o imposible.

En algunas instancias, sin embargo, las variaciones entre los documentos del Mar Muerto y las ediciones contemporáneas de la Biblia se deben a que se han encontrado diferentes familias de manuscritos, como es el caso particular de los libros de Samuel.[10] Estos descubrimientos ponen en clara evidencia que en la época inicial de transmisión y redacción de los documentos religiosos había flexibilidad y libertad en el manejo de los manuscritos, y circulaban en las comunidades religiosas diversas versiones antiguas del los mismos libros de la Biblia.

Los pasajes que pueden ser nuevamente estudiados, revisados o retraducidos, a la luz de los descubrimientos de los manuscritos bíblicos en Qumrán, son varios. Se identifican a continuación en la siguiente lista por libro, aunque posteriormente se comentará sólo el de más significación (identificado con un asterisco *), por su extensión e importancia teológica e histórica.[11]

Libro	Pasaje
Génesis	1.9
Éxodo	1.5; 9.28; 22.14 (heb., 22.13)
Deuteronomio	5.5; 10.13; 24.14; 31.1; 32.8; 32.43; 33.8; 33.17
1 Samuel	1.28 y 2.20; 2.1; 2.8; 2.21; 2.27-33; 3.4; 5.8-9; 5.11; 6.3; 9.24; 10.26; 10.27–11.1*; 11.8; 17–18; 20.29-38; 21.2; 23.11; 23.14, 16
2 Samuel	6.1-16; 12.6; 13.21; 13.27; 18.11; 19.7 (heb., 19.8); 21.18-22; 24.20
2 Reyes	19.25-28
Salmos	38.19 (heb., 38.20); 69.10 (heb., 69.11); 118.27; 119.37; 144.2; 145.5; 145.13
Isaías	3.24; 7.14; 8.2; 11.6; 14.4; 14.30; 15.9; 19.18; 21.8; 23.2-3; 29.5; 33.8; 34.5; 37.25; 37.27; 45.2; 45.8; 49.12; 49.24; 51.19; 53.11; 60.19
Jeremías	3.1; 47.5
Daniel	7.1-2; 8.2
Nahúm	3.8
Habacuc	1.8; 2.1; 2.5; 2.15-16

LOS MANUSCRITOS Y LAS TRADUCCIONES

Un caso extraordinario: 1 Samuel 10.27–11.1

La gran mayoría de los cambios que se han introducido a las traducciones de la Biblia que se fundamentan en los manuscritos de Qumrán son cambios menores, excepto en los libros de Samuel. El descubrimiento de un particular manuscrito de Samuel, conocido como 4QSam a, ha traído a la consideración de los estudiosos de la Biblia un nuevo documento con una serie extensa de variaciones de diversos tipos. Esas variantes generan nuevas alternativas de comprensión del libro, y por consiguiente afectan directamente las alternativas exegéticas y las posibilidades reales de interpretación y traducción.

El manuscrito de Samuel descubierto en la cuarta cueva de Qumrán antecede por bastante tiempo a los documentos que del mismo libro anteriormente poseíamos, tanto en griego como en hebreo, y, en efecto, tiene la capacidad de explicar algunas lagunas que se descubren en la lectura crítica del texto bíblico tradicional.

De singular importancia es el caso de 1 Samuel 10, específicamente la sección final del capítulo. En las traducciones castellanas del pasaje se indica, en el capítulo once, que Nahash el amonita requería de los israelitas un sacrificio cruel, inmisericorde y extraordinario: ¡Deseaba sacarles el ojo derecho a los combatientes del pueblo de Israel!

El problema básico en la evaluación e interpretación del pasaje es que el texto bíblico no provee la información necesaria para comprender adecuadamente las causas y el fundamento de esa decisión militar tan hostil de los amonitas hacia Israel.

En torno a esa práctica bélica compleja y extraña se tiene conocimiento no sólo mediante la lectura del antiguo texto griego de Samuel, sino de las referencias que se incluyen en las obras de Josefo.[12] Con el descubrimiento y el estudio de nuevos manuscritos de Samuel en las cuevas de Qumrán, se conoce que ya Nahash había hecho lo mismo con los gaditas y con los rubenitas.

En un ambiente de guerra y en medio de las dinámicas de la supervivencia del más fuerte, esa práctica era una manera militar, aunque inmisericorde, de afectar adversamente y a largo plazo el potencial bélico de sus enemigos. Era el precio que debían pagar los pueblos vencidos y subyugados; y, en efecto, era el alto costo humano, político, social y militar que debía enfrentar una comunidad que deseaba mantenerse con vida y firmeza ante las amenazas y el poder militar de sus enemigos.

El texto de Samuel descubierto en Qumrán, al finalizar el capítulo diez, dice:

«Y Nahash, rey de los amonitas, oprimía fuertemente a los gaditas y los rubenitas. Les había sacado el ojo derecho a cada uno de ellos, y no le permitía a Israel tener un liberador. No habían dejado ni uno de los israelitas al otro lado del río Jordán cuyo ojo derecho no hubiera sido sacado por Nahash, el rey de los amonitas. Sin embargo, quedaban siete mil hombres que habían escapado de los amonitas y habían entrado a Jabesh-gilead».

El propósito expreso de esta acción militar era acabar definitivamente con el poderío militar israelita, para continuar la política expansionista y de opresión de los pueblos vecinos, de la cual Israel formaba parte. Los amonitas necesitaban neutralizar las fuerzas bélicas de Israel para continuar con su poderío militar en la región.

Posiblemente las próximas traducciones de la Biblia al castellano van a incluir esta porción en el texto bíblico, con una nota marginal que puede indicar que esta nueva sección del libro de Samuel, que se había perdido en los complejos procesos de transmisión de los textos,[13] se ha reincorporado al texto bíblico, gracias a la magnífica aportación de los descubrimientos de Qumrán a las traducciones modernas de la Biblia.[14]

---

1 El término «canon» es de origen sumerio y se deriva de la palabra griega que significa vara, regla o medida. Se incorporó al lenguaje teológico con las discusiones cristianas del siglo cuarto que intentaban identificar y definir con precisión la colección del Nuevo Testamento; Schiffman, *op.cit.*, p. 162.

Las comunidades judías discuten el tema del canon y la canonización en la literatura rabínica, particularmente en relación a una ley compleja y extraña, que identifica los libros que tienen el poder de hacer impuras las manos de quien los tocaba. De particular importancia fueron los diálogos en torno a este tema que se llevaron a efecto en Yavneh (o Jamnia) al sur de la actual ciudad de Tel Aviv, luego de la destrucción del Templo de Jerusalén.

2 En torno a la transmisión de los manuscritos de la Biblia Hebrea véanse las siguientes obras indispensables y fundamentales: J. Barr, «From Sacred Story to Sacred Text: Canon As Paradigm», *Critical Revew of Books in Religion* (Atlanta: Scholars Press, 1988); J.A. Sanders, *From Sacred Story to Sacred Text* (Philadelphia: Fortress Press, 1987); N.M. Sarna, «Bible Text», *Encycloperia Judaica*, vol. 4, cols. 832–836, 1972; S. Talmon, «The Old Testament Text», *Cambridge History of the Bible*, vol. 1 (Cambridge: University Press, 1970, pp. 159–199);

LOS MANUSCRITOS Y LAS TRADUCCIONES

Bruce K. Waltke, «The Textual Criticism of the Old Testament» *Expositor's Bible Commentary*, vol. 1, pp. 211-228.

Una evaluación crítica y muy útil de las presentaciones de estas teorías de transmisión textual de la Biblia Hebrea se incluye en el importante libro de Harold Scanlin, *The Dead Sea Scrolls and Modern Translations of the Bible* (Wheaton, IL; Tyndale House Publishers, 1993, pp. 21-37.

[3] Estos testigos antiguos de la Biblia Hebrea son fundamentales en los procesos exegéticos y de traducción. Los nuevos manuscritos de Qumrán le dan oportunidad a los estudiosos contemporáneos a cotejar si las omisiones o adiciones al Texto Masorético se relacionan con algún error del copista, o si realmente son variaciones en los manuscritos que se transmitían en la antigüedad.

[4] En torno al canon y los procesos de canonización, y su relevancia para los estudios y comprensión de la importancia de los manuscritos de Qumrán, véase a Schiffman, *op.cit.*, pp. 161-180.

[5] Scanlin, *op.cit.*, pp. 17-38.

[6] Vermes, *op.cit.*, p. 13.

[7] Antes de los descubrimientos de Qumrán, las ediciones no académicas de la Biblia Hebrea se basaban en el texto impreso Venecia en los años 1524 y 1525. Esos textos, a su vez, se fundamentaban en varios manuscritos medievales de Jacob ben Hayyim. Las ediciones científicas del texto hebreo se basan en un codex bíblico del 1008, preparado por Aaron ben Moses ben Aser, que eran unos muy importantes eruditos y masoretas palestinos de los siglos nueve y diez de la era cristiana, que le añadieron el sistema de vocalización al hebreo impreso. Vermes, *op.cit.*, pp. 170-181.

[8] En torno a la importancia y los métodos de fechar los manuscritos antiguos, véase a Vermes, *op.cit.*, pp. 22-25.

[9] Scanlin, *op.cit.*, p. 107.

[10] En los libros de Samuel y Jeremías se encuentran, posiblemente, las complejidades textuales más difíciles en la Biblia Hebrea. Del profeta Jeremías se poseen dos versiones, en las cuales hay variaciones en la extensión de los capítulos y en el orden canónico de la obra.

El singular caso de los libros de Samuel presenta complicaciones adicionales, pues en ocasiones el texto hebreo descubierto en las cuevas se puede asociar con manuscritos griegos de la Septuaginta, mientras que en otras oportunidades se relaciona directamente con el Texto Masorético.

Referente a estos asuntos específicos de naturaleza textual en los libros de Samuel, véase las siguientes obras: Scanlin, *op.cit.*, pp. 114-123; E. Tob, *The Hebrew and Greek Texts of Samuel* (Jerusalem: Academon, 1980); S. Pisano, *Additions and Omissions in the Books of Samuel: The Significant Pluses and Minuses in the Masoretic, LXX, and Qumran Texts* (Freiburg and Gottingen: Freiburg University Press and Vanderhoek & Rupreacht, 1984).

[11] Seguimos en esta sección el magnífico análisis de Scanlin, *op.cit.*, pp. 107-138, que evalúa todos los cambios identificados y propone alternativas concretas a la persona que hace la exégesis o traducción del texto bíblico. Su obra incluye, además, una lista importante y una tabla que identifica con precisión los pasajes y capítulos específicos de la Biblia que están incluidos en los manuscritos de Qumrán.

EL MISTERIO REVELADO

12 Véase a Scanlin, *op.cit.*, pp. 119-120. Además, en torno a Josefo, puede estudiarse su obra *Antigüedades* 6.5.1.

13 Posiblemente el error en el proceso se debe a la similitud en la terminación de 1 Samuel 10.27 y el inicio de 1 Samuel 11,1. Esa cercanía lingüística posiblemente propició la omisión de esta sección escritural; VanderKam, *op.cit.*, p. 132.

14 Scanlin, *op.cit.*, pp. 141-168, incluye en su obra una lista bastante completa e importante de las referencias bíblicas específicas que se encuentran en los manuscritos descubiertos en Qumrán.

Capítulo 8

LA IGLESIA LEE LOS MANUSCRITOS

Será denominado hijo de Dios,
y le llamarán hijo del Altísimo....
Su reino será un reino eterno,
y todos sus caminos en verdad y dere[cho].
La tierra estará en la verdad,
y todos harán la paz.
Cesará la espada en la tierra,
y todas las ciudades le rendirán homenaje.
Él es un dios grande entre los dioses (?)....
Su dominio será un dominio eterno....
4Q246 *ii*.1a, 5-7, 9b

Enseñanzas de los manuscritos

Posiblemente una de las mayores virtudes de los manuscritos del Mar Muerto es que les permite a la iglesia, la sinagoga, los creyentes y la comunidad academia en general leer, estudiar y evaluar con profundidad, seriedad y sobriedad una serie importante de documentos antiguos, que ponen en clara evidencia las creencias y las prácticas de un grupo judío religioso, cuya existencia se puede fechar con precisión antes de la era cristiana.[1] El estudio sistemático de los documentos revela, en efecto, tanto las preocupaciones teológicas y prácticas fundamentales como las aspiraciones escatológicas y litúrgicas básicas de la comunidad. El análisis de los manuscritos, además, permite comprender mejor el mundo de las ideas religiosas y las dinámicas sociales que se ponían claramente de manifiesto en una comunidad religiosa sectaria que comparte con Jesús de Nazaret, y también con los primeros creyentes en Cristo, el entorno geográfico, el período histórico, el trasfondo religioso y los desafíos políticos de la época.[2] El estudio sobrio del material también puede revelar varias enseñanzas de fundamental importancia teológica y práctica para los creyentes del siglo veintiuno.[3]

Junto al gran beneficio que han dado a los estudios del texto de la Biblia Hebrea y del Canon del Antiguo Testamento,[4] los manuscritos de Qumrán han contribuido significativamente a la comprensión de la teología y la religión intertestamentaria, con los testimonios de nuevos ejemplares de la literatura apócrifa y seudoepigráfica.[5] Como los documentos descubiertos en Qumrán son eminentemente de naturaleza sectaria y dogmática, su aporte a la comprensión de la historia de la comunidad o de la época es únicamente indirecta.[6]

De los escritos se desprenden prioritariamente las preocupaciones religiosas y teológicas fundamentales del grupo, que pueden dar base para la identificación, evaluación y comprensión de los conflictos políticos, sociales e ideológicos que la secta debió enfrentar a través de su vida en el desierto desde su fundación. Sin embargo, el área de investigación que posiblemente más se ha beneficiado de los descubrimientos de los manuscritos del Mar Muerto es la que estudia el judaísmo palestino de los años 150 a.c. al 150 d.c., pues en los testimonios escriturales descubiertos en las cuevas se encuentra la evidencia de las percepciones teológicas básicas de una comunidad religiosa que rechazó el judaísmo normativo de su época.[7]

Con los descubrimientos del Mar Muerto, en primer lugar, los estudiosos han creado una nueva disciplina de estudios bíblicos: la codicología, que estudia eminentemente las formas que los antiguos copistas llevaban a efecto sus trabajos de transmitir cuidadosamente los manuscritos religiosos, que tenían tanta significación y autoridad para la comunidad. De acuerdo con el estudio de los manuscritos y documentos, se tiene constancia clara del cuidado que tenían las personas encargadas al preparar los materiales de cuero o papiro, que escribían con tinta vegetal en el material previamente preparado, rayado y enumerado, para guiar y embellecer sus escrituras.[8] Esos estudios son muy importantes pues pueden apoyar significativamente los esfuerzos para identificar las fechas de composición de los manuscritos.[9]

Las posibles relaciones entre los manuscritos descubiertos en las cuevas del Mar Muerto y el Nuevo Testamento han dado base a una serie extensa de teorías interesantes y también han generado algunas controversias complicadas,[10] particularmente con relación al papel que ha desempeñado la Iglesia Católica, y específicamente el Vaticano, en esas dificultades. En torno a estos asuntos, es importante indicar que la prensa no especializada, aunque también algunos representantes de círculos académicos,[11] han exagerado o mal representado las implicaciones e interpretaciones de los descubrimientos, para generar de forma consciente o inconsciente una serie de controversias políticas y conflictos teológicos, que aumentan el sabor de misterio de los hallazgos.

Entre los temas de importancia capital que pueden relacionar los documentos de las cuevas con los escritos neotestamentarios se han identificado los siguientes: la relación del Maestro de Justicia con Jesús de Nazaret; la posible relación de los esenios del desierto con los primeros cristianos; y también el trasfondo qumramita o esenio de Juan el Bautista. En efecto, el estudio de ambos cuerpos literarios pone de manifiesto convergencias y divergencias;[12] el desafío, sin embargo, es explicar esas dinámicas de manera adecuada,[13] para hacer justicia no sólo a los antiguos moradores de las cuevas, sino a los herederos del mensaje de Jesús de Nazaret.

Relaciones lingüísticas y textuales

Como comparten el trasfondo cultural y teológico judío, junto al período, la historia y la geografía, se descubren entre los dos cuerpos literarios gran similitud temática, lingüística y textual.[14] Estas relaciones pueden ayudarnos a entender varios pasajes escriturales y referencias teológicas, que pueden parecer minúsculas o sin importancia en una lectura rápida del Nuevo Testamento.

Una peculiaridad literaria de los estudios del Nuevo Testamento es que, aunque el idioma primario de Jesús era el arameo, y también el hebreo, la totalidad los manuscritos canónicos que se conservan de los evangelios y de la primera comunidad cristiana se encuentran en griego. Es decir, que mientras los mensajes del Señor se transmitieron de forma oral en un idioma semítico, sufrieron una serie intensa de transformaciones lingüísticas y literarias, para fijarse, guardarse y transmitirse por el mundo helénico, en un tipo de griego común y popular—conocido como «koiné»—que era entendido por las comunidades que vivían alrededor de la cuenca del Mar Mediterráneo. Esas importantes transformaciones lingüísticas o traducciones incorporan cambios y variaciones en varios niveles de sentido, que deben tomarse en consideración al tratar de entender, explicar y actualizar el mensaje cristiano.

Un buen ejemplo de la importancia de comprender el trasfondo semítico de las palabras o frases que se conservan en el griego neotestamentario es una referencia aparentemente pequeña que hace Jesús al grupo de seguidores, de acuerdo con los evangelios de Mateo y Marcos, en la Cena del Señor, la Santa Cena o la Eucaristía (véase Mateo 26.27-28; Marcos 14.23-24).[15] En ambos relatos se indica que la sangre del nuevo pacto se ha derramado por «muchos».

La complejidad de la expresión es que en verdad los discípulos, que parece ser el grupo a los que el Señor alude, en efecto, en ese momento histórico no eran numéricamente muchos.

Posteriormente la misma expresión se utiliza en la literatura paulina para referirse a la comunidad de los creyentes, y es posible que la expresión tuviera algún nivel o responsabilidad legal o judicial (véase p.ej., 2 Corinitios 2.5-6; cf. Hechos 6.2, 5; 15.12, 30).

Algunas referencias a los miembros de la comunidad qumramita pueden ayudarnos a comprender mejor la expresión «muchos», utilizada en los evangelios y en Pablo para referirse a los creyentes. Cuando entre los esenios del desierto de Judá se alcanzaba plena aceptación en la secta, se aludía a ellos como los «muchos», la «mayoría» o los «numerosos».[16] El Manual de Disciplina indica que cuando el grupo del desierto se reunía en asamblea de la congregación (*ha-rabbin*, en hebreo, los «muchos»), nadie podía hablar ni interrumpir. En este sentido, los «muchos» eran los miembros plenos de la comunidad que constituían la asamblea, que inclusive también podían tener alguna función judicial (1QS *vi*.1).

Posiblemente, en la misma tradición, Jesús se refirió a los discípulos como los «muchos», no por consideraciones numéricas, sino desde la perspectiva del pacto o alianza que había hecho con ellos: con el acto de la cena final, o la Eucaristía, los discípulos se constituían en miembros plenos de su grupo de seguidores, o en «mayoría».

La palabra hebrea que se ha traducido como «guardián» en los manuscritos de Qumrán (*ha-mabaqqer*), puede ser equivalente a la conocida expresión griega *episkopos*, que generalmente se relaciona con las tareas y responsabilidades del «obispo», «supervisor» o «superintendente» de la congregación o las congregaciones cristianas (véase Filemón 1.1; 1 Timoteo 3.1-7; Tito 1.7-9). En el Manual de Disciplina se indica que el «guardián» debe examinar a los neófitos o principiantes (1QS *vi*.13-15), y se utiliza una palabra hebrea que particularmente significa «sobre muchos» o «supervisor» (1QS *vi*.12). Posteriormente, en el mismo documento (1QS *ix*), se describen algunas calificaciones importantes de estas personas, que se asemejan a las que se incluyen en el Nuevo Testamento en torno a los obispos y líderes cristianos.

Otras palabras y expresiones utilizadas por el Nuevo Testamento que se han aclarado con los manuscritos de Qumrán, o que se han descubierto sus verdaderas raíces semíticas, son las siguientes: «los justos de Dios», «las obras de la ley», «la iglesia de Dios» y «los hijos de la luz».[17] La evaluación de esas expresiones en los nuevos contextos literarios de los manuscritos de Qumrán, le brinda a los estudiosos nuevas posibilidades de interpretación, propicia alternativas hermenéuticas noveles a los investigadores.

Respecto a pasajes específicos del Nuevo Testamento que revelen similitudes especiales o paralelos particulares con los manuscritos descubiertos de las cuevas, se pueden descubrir e identificar varias porciones. En primer lugar, se encuentra la exhortación a la santidad de 2 Corintios 6.14–7.1, en la que el apóstol Pablo incentiva a la comunidad de creyentes a mantener la pureza, que es un tema común entre los esenios del Mar Muerto, utilizando frases e ideas similares a las de Qumrán: p.e., la asociación entre el bien y el mal, el dualismo ético entre la luz y las tinieblas, y el uso del nombre Belial, para referirse al maligno.

Otro texto del Nuevo Testamento que revela similitudes extraordinarias con los manuscritos del Mar Muerto es el que se incluye en el Evangelio de Mateo, y es mejor conocido como el Sermón del Monte o las Bienaventuranzas (Mateo 5–7). En el mensaje de Jesús, según el evangelista Mateo, se alude a los discípulos como «pobres en espíritu» (Mateo 5.3; Manual de Guerra *xiv*.7); el Señor de la iglesia les exhorta a no hacer juramentos (Mt 5.33; Josefo, *Antiquities* 15.371); y Jesús mismo los motiva a poner la otra mejilla cuando son heridos u ofendidos (Mateo 5.38-39; 1QS *x*.17-18). El famoso sermón, además, utiliza el particular lenguaje de antítesis (p.e., oisteis que fue dicho... pero yo os digo...), para enfatizar y subrayar la importancia y novedad de su doctrina, estilo que también se revela en los escritos del Mar Muerto (Mateo 6–7; 4QMMT).

Aunque algunos eruditos han intentado ver o descubrir entre los manuscritos de Qumrán algunos textos del Nuevo Testamento,[18] la realidad es que no hay evidencia textual que indique que la comunidad qumramita tenía documentos cristianos. Los esenios del desierto del Mar Muerto anteceden por siglos a Jesús de Nazaret y los cristianos. La relación entre los dos movimientos religiosos se fundamenta en que ambos grupos surgían como reacciones teológicas, sociales, espirituales y políticas al mismo judaísmo de la época.

Juan el Bautista

Uno de los personajes del Nuevo Testamento que más ha evocado la imaginación y se ha relacionado íntima e insitentemente con los manuscritos de Qumrán, y también con los moradores de las cuevas del Mar Muerto, ha sido Juan el Bautista.[19] En efecto, son varias la semejanzas de la predicación del Bautista con las doctrinas que se ponen de manifiesto en el Manual de Disciplina y en otros escritos de la comunidad esenia.[20]

De acuerdo con los relatos evangélicos, Juan proviene de un linaje sacerdotal (Lucas 1.5, 8-23), y desde su nacimiento se identificó con una labor profética y escatológica particular (Lucas 1.76-79). Inclusive, hasta que apareció e irrumpió en la vida pública de Israel para llevar a efecto su ministerio público de predicación, creció y se desarrolló en el desierto, posiblemente en un lugar muy próximo a Qumrán, donde comenzó sus enseñanzas y prácticas en torno al bautismo (Juan 1.28).

El Bautista caracterizó su ministerio por una fuerte predicación carismática de juicio, que enfatizaba prioritariamente el arrepentimiento de las personas para el perdón de los pecados (Mateo 3.2; Marcos 1.4; Lucas 3.3). Además, su tarea misionera se fundamentó en una lectura teológica particular de Isaías 40.3. Su mensaje transmitía un sentido de urgencia escatológica, que incentivaba el arrepentimiento de las multitudes, antes de la llegada del día del juicio del Señor. Fomentaba, además, la práctica del bautismo de arrepentimiento en las riveras del río Jordán (Mateo 3.5-6; Marcos 1.5; Lucas 3.3). Finalmente, junto a una metodología de comunicación violenta, firme, agresiva, dinámica y férrea, debemos unir una extraña vestimenta y una dieta muy poco común.[21]

Las percepciones e impresiones que se reciben de Juan el Bautista al leer las narraciones y los relatos del Nuevo Testamento es que pudo haber estado relacionado, de forma directa o indirecta, con la comunidad esenia del Mar Muerto. En primer lugar, su ministerio público se llevó a efecto muy cerca de la región de Qumrán; varias de sus enseñanzas tienen paralelos con las doctrinas que se revelan e incluyen en los manuscritos del desierto; y, además, tanto los esenios de Qumrán como el Bautista justifican sus ministerios en la comprensión escatológica del mismo texto bíblico profético: Isaías 40.3.

La teología del bautismo que se manifiesta en la predicación de Juan es similar a la doctrina que se pone de relieve en las enseñanzas en torno a los baños de limpieza ritual que se llevaban a efecto en Qumrán. Esos baños, que tenían gran importancia teológica y litúrgica entre los miembros de la comunidad, se llevaban a efecto con regularidad en el grupo, para incentivar y garantizar la pureza y santidad de sus miembros. Además, propiciaban y fomentaban las prácticas de piedad en el grupo y generaban un ambiente de arrepentimiento indispensable para la comunidad.

Un texto del Manual de Disciplina ilustra esa interesante continuidad teológica entre el Bautista y los qumramitas:

«Que no entre en las aguas para participar
en el alimento puro de los hombres de santidad
pues no se han purificado,
a no ser que se conviertan de su maldad;
pues es impuro entre los transgresores de su palabra»
(1QS v.13b-14a).

La importancia de esos baños rituales es evidente en Qumrán, a juzgar por los sistemas complicados de recolección y almacenamiento de las aguas que se han descubierto entre las ruinas de la comunidad. Aunque debe entenderse también que había varias diferencias fundamentales entre ellos: p.e., para Juan, el bautismo era esencialmente de arrepentimiento para el perdón de los pecados y se llevaba a efecto posiblemente una sola vez; entre los qumramitas, sin embargo, los baños rituales y cúlticos eran continuos y apoyaban el programa de santificación y pureza religiosa y moral del grupo.

Fundamentados en la evidencia teológica y textual disponible, podemos concluir que los manuscritos de las cuevas y el Nuevo Testamento revelan varios puntos de contacto importantes entre Juan el Bautista y la teología que se pone de manifiesto en Qumrán. Posiblemente el Bautista estuvo relacionado con algún grupo esenio del desierto, aunque debió haber abandonado esa comunidad con el tiempo, para llevar a efecto su propio ministerio como precursor del Mesías. Ese novel e importante ministerio profético, solitario y vehemente, llevó al Bautista al desierto y, finalmente, a la muerte.

Melquisedek

Ninguna otra persona que se reseñe en el Nuevo Testamento muestra tanta afinidad con los qumramitas como Juan el Bautista, aunque pueden identificarse una serie de referencias bastante importantes a varios personajes de la Biblia Hebrea en los dos grupos de documentos antiguos. Tanto en el Nuevo Testamento como en los manuscritos de Qumrán se reconoce la importancia de Adán, Enoc, Noé, David y, particularmente, al intrigante e interesante Melquisedek, rey de Salem. De estos personajes, es posiblemente Melquisedek el de mayor importancia para nuestro estudio, por su valor histórico, sectario, teológico y escatológico.

En la Epístola a los Hebreos,[22] se pone de relieve que Melquisedek es un sacerdote de gran importancia teológica, porque forma parte del linaje sacerdotal de Jesús, que, según las genealogías que se presentan en los evangelios, carecía del trasfondo sacerdotal pertinente, porque su familia no pertenecía a la tribu de Leví (véase Hebreos 7.1-3). Sin embargo, como el asunto sacerdotal era de suma importancia para la cristología que se pone de relieve en la Epístola, se indica con claridad y autoridad que Jesús era sumo sacerdote según el orden de Melquisedek. Ese ejercicio exegético y hermenéutico se fundamenta en las lecturas mesiánicas y escatológicas de dos textos bíblicos básicos: Génesis 14.18-20 y Salmos 110.4.

Referente a este enigmático personaje, Melquisedek, se han encontrado referencias importantes en varios manuscritos de la cueva oncena. Según uno de esos documentos (11QMelquisedek), este personaje es como un ángel divino que proclama libertad. Indica el manuscrito, además, que tiene el poder y la autoridad de juzgar y poner a efecto el juicio divino contra la maldad. Melquisedek tiene también una serie de poderes sobrehumanos: lleva a cabo funciones especiales en el Concilio Celestial; y genera actos de salvación extraordinaria en favor de los justos.

Aunque tanto en la Epístola a los Hebreos como en los manuscritos de Qumrán se hace referencia clara a Melquisedek, la verdad es que la interpretación del personaje en cada cuerpo literario es diferente.[23] En la Epístola cristiana, Melquisedek es una figura tipográfica que representa a Jesús como sumo sacerdote; entre los miembros de la comunidad qumramita, era una figura autónoma que tenía la capacidad y el poder de hacer cumplir la voluntad divina al final de los tiempos.

Jesús de Nazaret

En torno a los estudios sobre Jesús de Nazaret, los documentos del Mar Muerto pueden arrojar alguna luz de bastante importancia. Además de proveer el contexto histórico y religioso de su ministerio, y revelar las dinámicas sociológicas y políticas que sirvieron de marco a su tarea educativa y liberadora, los manuscritos proveen información de importancia capital que puede contribuir a tener una mejor comprensión de varios pasajes del famoso predicador judío.[24]

Un párrafo fundamental descubierto entre las cuevas de Qumrán revela algunas dinámicas de sanidad y perdón de pecados que se manifiestan también en el ministerio de Jesús. El texto, conocido generalmente como la «Oración de Nabónida», es un fragmento en arameo de un manuscrito que posiblemente se relaciona con el capítulo 4 del libro de Daniel [que presenta esencialmente la recuperación milagrosa del rey babilónico, Nabucodonozor (605-562 a.C.)]. El manuscrito del Mar Muerto describe la sanidad del último rey de Babilonia, Nabónida (555–539 a.C.), por la actividad de un exorcista judío.

El texto dice:

«[Yo, Nabónida,] fui afligido
[por una inflamación maligna]
durante siete años,
y fui relegado lejos [de los hombres
hasta que recé al Dios Altísimo]
y mi pecado lo perdonó un exorcista.
Era un [hombre] judío de [los desterrados,
el cual me dijo:]
Proclama por escrito para que se dé gloria,
exal[tación y honor] al nombre del Dios Altísimo»
(4Q242 *i-iii*.2b-5a).[25]

Este importante pasaje de los manuscritos puede relacionarse temáticamente con el relato de la sanidad de un paralítico en la ciudad de Cafarnaúm, cuyos pecados fueron perdonados por Jesús. De acuerdo con el testimonio evangélico (Mateo 9.1-8;

Marcos 2.1-12; Lucas 5.17-26), el Señor no sólo perdonó el pecado del paralítico, sino que le sanó de forma extraordinaria. Además, según el relato, la gente se maravilló y glorificó a Dios.

Un segundo pasaje puede también relacionarse con el ministerio de Jesús, particularmente con su afirmación y compromiso con la liberación de los cautivos, la curación de los ciegos, la sanidad de los heridos, la resurrección de los muertos y la proclamación de las buenas nuevas a los pobres. El texto de Qumrán, conocido generalmente como el «Fragmento de la resurrección», dice:

«Pues honrará a los piadosos
sobre el trono de la realeza eterna,
liberando a los prisioneros,
dando la vista a los ciegos,
enderezando a los torcidos...
Pues curará a los malheridos,
y a los muertos hará vivir,
anunciará buenas noticias a los humildes,
colmará [a los indigentes,
conducirá a los expulsados,
y a los hambrientos los enriquecerá...»]
(4Q521 *ii*.7-8,12-13).

El pasaje de Qumrán está claramente en la tradición hermenéutica del mensaje de Jesús en la sinagoga de Nazaret, según se pone de manifiesto en el relato del Evangelio de Lucas (Lucas 4.16-21). El pasaje evangélico se fundamenta en el mensaje del profeta Isaías (cap. 61), en su presentación extraordinaria del ministerio de Mesías en la era escatológica.

La teología de Jesús, según se articula de los escritos evangélicos, continúa la tradición de juicio y arrepentimiento de Juan el Bautista, y expande el tema para incluir la inmanencia del Reino de Dios o de los Cielos.[26] Ese concepto del Reino incorpora también temas de importancia capital para la comunidad esenia del Mar Muerto, como el juicio final, la interpretación mesiánica de la profecía y la lectura e interpretación escatológica de la Ley y los Profetas.

Prácticas en común

La relación más íntima entre el Nuevo Testamento y los manuscritos de Qumrán también se pone de manifiesto al comparar algunas prácticas de los dos grupos. Del análisis de sus actividades se pone en evidencia que entre los esenios y los primeros cristianos había compatibilidad, y que, además, ambos grupos respondían de forma similar y con argumentos teológicos y bíblicos parecidos a los desafíos doctrinales y a los problemas prácticos que enfrentaban diariamente como comunidades de fe.[27]

La primera gran similitud entre los dos grupos se evidencia en la singular práctica de tener las cosas en común o en la doctrina de la propiedad compartida. Desde muy temprano en la historia de la iglesia, Lucas nos informa, que los que habían creído estaban juntos y «tenían en común todas las cosas» (Hechos 2.44-45). Añade, posteriormente, como una declaración teológica y afirmación programática de la incipiente comunidad cristiana, que cuando «la multitud de los que habían creído era de un corazón y un alma», «ninguno decía ser suyo propio nada de lo que poseía, sino que tenían todas la cosas en común» (Hechos 4.32).

Estas declaraciones ponen en evidencia clara que los primeros cristianos entendieron la importancia del compartir; pusieron en práctica administrativa la teología escatológica que poseían, pues esperaban el retorno del Mesías con premura y las propiedades no tenían, a largo plazo, significación privada o económica fundamental.

Las prácticas administrativas en torno a la propiedad en común que poseían se confirman en la interpretación apostólica de la actitud egoísta de Ananías y Safira, que al vender una propiedad sustrajeron para ellos parte de la ganancia (Hechos 5.1-11). Como resultado de tal acción impropia, de acuerdo con el relato bíblico, murieron instantáneamente, al presentarle a Pedro únicamente parte del precio de venta. De acuerdo con el dictamen y evaluación de Pedro, si mantenían la propiedad, en definitiva, era de ellos; si la vendían y no traían el precio de venta, también les pertenecía. Sin embargo, por dejarse engañar de Satanás y mentir al Espíritu Santo, murieron indefectiblemente. El fundamento de esta práctica, en efecto, era una importante convicción teológica:[28] se basaba en una experiencia voluntaria de solidaridad, que nacía de la unidad de los creyentes.

En torno a las experiencias de propiedad en común entre los esenios, nos informan tanto la literatura interna descubierta en las cuevas del Mar Muerto—p.e., el Manual de Disciplina—como también los escritos de Josefo y Plinio el Viejo,[29] que aluden a esta práctica.

En el Manual de Disciplina se comenta en varias ocasiones la fusión de las pertenencias y los bienes privados de los miembros de la comunidad con los fondos totales del grupo. El asunto es particularmente analizado y descrito en la sección que presenta, describe y alude a las dinámicas y requisitos de iniciación de los nuevos miembros al grupo (1QS *vi*.13-23). El proceso de entregar las pertenencias era gradual, que se completaba luego de un período de prueba considerable, que, en efecto, duraba varios años.

Entre los qumramitas la decisión de entregar las propiedades al grupo también era un gesto voluntario, que posiblemente se fundamentaba en las decisiones teológicas que habían hecho, dadas las condiciones y las expectativas escatológicas que se vivían en la comunidad del Mar Muerto.

Una segunda actividad de importancia capital que comparten los esenios del Mar Muerto y los cristianos primitivos es el aprecio y respeto por las cenas, particularmente por las que tienen especial significación teológica. Para estos grupos esas actividades de alimentación tenían implicaciones espirituales que sobrepasaban los límites físicos, para revelar niveles noveles de virtudes espirituales para la comunidad de los creyentes.

Tanto en los evangelios de Mateo, Marcos y Lucas, como en el de Juan, la última cena de Jesús con sus discípulos tiene connotaciones teológicas fundamentales y revela implicaciones espirituales significativas. En los sinópticos, se presenta la cena de Pascua propiamente; en Juan, sin embargo, la cena se lleva a efecto la noche previa a la famosa e importante celebración judía.

En todo caso, esta cena se lleva a efecto en un ambiente de expectativa escatológica, en que se destacan físicamente los elementos del pan y del vino, y se pone de manifiesto la teología del reino de Dios.

«Mientras comían, Jesús tomó pan,
lo bendijo, lo partió y les dio, diciendo:
—Tomad, esto es mi cuerpo.

Después tomó la copa y, habiendo dado gracias,
les dio y bebieron de ella todos.
Y les dijo:
—Esto es mi sangre del nuevo pacto que por muchos es
derramada. De cierto os digo que no beberé más del fruto de
la vid, hasta aquel día en que lo beba de nuevo en el reino de
Dios» (Marcos 14.22-25; véase también los paralelos en
Mateo 26.26-29; Lucas 22.17-20).

En los manuscritos de Qumrán también se privilegian las celebraciones con cenas; inclusive, en consonancia con la tradición judía, se destacan los elementos del pan y del vino. De acuerdo con el Manual de Disciplina, la cena debía prepararse de la siguiente forma:

«Y cuando preparen la mesa para comer, o el mosto para beber,
el sacerdote extenderá sus manos primero
para bendecir las primicias del pan y del mosto.
Y que no falte en el lugar en que se encuentran los diez
un hombre que interprete la ley día y noche...» (1QS *vi*.4b-6).

En torno a las comidas en la comunidad esenia de Qumrán, el mismo Manual también estipula claramente que podían participar de los actos alimenticios comunitarios únicamente los que habían pasado el período de prueba, y que no habían sido encontrados culpables de alguna transgresión que los separaba de la comunión del grupo (1QS *vi*.16-17,20-21; *vii*.16). Y las referencias a los miembros de la comunidad que por alguna razón limitaban la participación de ellos en las comidas comunitarias, son similares a las restricciones que se incluyen en la Primera Epístola a los Corintios, en la que el apóstol Pablo identifica la cena con el discernimiento del Cuerpo de Cristo. Ese «discernimiento» es posiblemente una referencia a la unidad del grupo, es particularmente una afirmación del respeto y la solidaridad de la comunidad.

La segunda columna del manuscrito de la Regla de la Congregación, que se encontró unida al Manual de la Comunidad en la primera cueva, es fundamental para la comprensión adecuada de la cena en Qumrán. Es particularmente importante para la evaluación y comprensión plena de las implicaciones escatológicas y mesiánicas que tenía la cena entre los miembros del grupo esenio que vivía en el desierto:

> «Y cuando llegue la hora de tomar el alimento y beber el mosto
> que se debe haber preparado para el banquete de la Alianza,
> que nadie tienda entonces la mano para partir el pan antes que el sacerdote,
> porque es él quien debe partir el pan
> y distribuir el mosto y tender la mano primero.
> Inmediatamente el Mesías de Israel tenderá la mano para tomar el pan
> y después de él toda la asamblea hará lo mismo,
> siguiendo el orden de sus respectivos puestos»
> (1QS a *ii*.17-21).

Esta es una cena eminentemente mesiánica y escatológica, pues se lleva a efecto con la participación activa del Mesías. Además, es una celebración en la que participarán únicamente los miembros del grupo que están ritualmente puros y preparados adecuadamente para el acto.

Referente a las cenas, debemos concluir que la comunidad de Qumrán y la iglesia cristiana primitiva compartían varios conceptos fundamentales: la importancia del pan y el vino o mosto; las implicaciones escatológicas de la celebración; la presencia de la figura mesiánica; y la regularidad de las celebraciones. Esta continuidad teológica y práctica respecto a una de las doctrinas más importantes de la iglesia pone una vez más de manifiesto el trasfondo común judío que ambos grupos tenían.

Escatología

La iglesia cristiana que nació para continuar la labor redentora iniciada por Jesús de Nazaret y la comunidad esenia que nació al amparo del Maestro de Justicia, eran grupos eminentemente escatológicos. Ambos grupos pensaban que vivían los tiempos del fin, y a la luz de esas creencias, organizaron internamente sus comunidades, desarrollaron sus teologías y prepararon sus diversos programas educativos. Y esas particulares percepciones teológicas se ponen claramente de manifiesto no sólo de forma implícita en la lectura de sus manuscritos, sino que se revelan de manera directa al evaluar y estudiar los documentos constitutivos de ambos grupos.

Un tema en común que evidentemente compartían las dos comunidades era el mesianismo: los qumramitas y los cristianos esperaban inminentemente la llegada del Mesías.[30] Y aunque las doctrinas en torno al mesianismo debieron haberse revisado y desarrollado con el tiempo en ambas comunidades, las esperanzas de ambos grupos se anclaban en la intervención plena y certera del Mesías, que inauguraría una era especial de triunfo y paz.

Una peculiaridad interesante y a la vez extraña es que la comunidad escatológica de Qumrán esperaba no uno sino dos mesías: un mesías de la casa de Aarón, del linaje sacerdotal; y otro mesías laico, conocido como mesías de Israel o David. El estudio del Manual de Disciplina aclara estas ideas, y también pone en evidencia esta particularidad escatológica y mesiánica de los esenios del desierto. Cuando se discute la importancia de la fidelidad de los que participan en las actividades de la secta, se afirma que los iniciados en esta doctrina

«No se apartarán de ningún consejo de la ley
para manchar en toda obstinación de su corazón,
sino que serán gobernados por las ordenanzas primeras
en las que los hombres de la comunidad
comenzaron a ser instruidos,
hasta que venga el profeta
y los mesías de Aarón e Israel» (1QS *ix*.9b-11).

Otros documentos encontrados en la cuevas explican la naturaleza y las funciones de los mesías (1QS *xiv*.19), y relacionan la tarea mesiánica con la familia de David, fundamentados específicamente en el mensaje y profecía de Isaías (p.e., Isaías 11.1-5).

En la iglesia cristiana el mesianismo es un tema prioritario.[31] Inclusive, la comunidad de fe se basa prioritariamente en la indispensable convicción escatológica de que Jesús de Nazaret es el Mesías prometido por Dios al pueblo de Israel. En Jesús, llamado el Cristo por los creyentes, se cumplen ampliamente las antiguas profecías mesiánicas de la Biblia Hebrea, y se inaugura, además, la era final y definitiva en la que Dios irrumpe dramáticamente, con su poder de juicio y autoridad de redención, en la historia de la humanidad.

Esa impostergable convicción cristiana se pone en evidencia en toda la literatura neotestamentaria: se inicia en las afirmaciones evangélicas que relacionan el nacimiento de Jesús con la descendencia de David, y prosigue en el resto del canon cristiano, que brinda explicaciones y aplicaciones del mesianismo de Jesús.

Sin embargo, en el Nuevo Testamento no se habla de dos mesías sino de uno, que se identifica indiscutiblemente con el famoso predicador de Nazaret. Esa diferencia fundamental entre las dos comunidades se disipa, en parte, por las diversas perspectivas e interpretaciones mesiánicas que se revelan en la primera literatura cristiana. Mientras que en los evangelios y en los Hechos de los apóstoles (Mateo 1.1-17; Lucas 3.23-38; Hechos 2.29-31) se enfatiza el mesianismo de Jesús por la casa de David, en la Epístola a los Hebreos se subraya el mesianismo sacerdotal del Señor, al ubicarlo en la tradición del orden de Melquisedek, e indicar que el Señor de la iglesia desempeña funciones de sumo sacerdote en el santuario celestial (Hebreos 10.12-14).

Esa lectura preliminar de los documentos revela que las dos comunidades funcionaban con expectativas mesiánicas similares. No es de sorprender, sin embargo, esta correlación, pues ambos grupos fundamentaban sus teologías en lecturas continuas de la misma Biblia Hebrea, que apreciaban como sustantiva y a la que le reconocían un gran valor moral y autoridad espiritual, para el desarrollo de sus doctrinas y la organización de sus prácticas.

Esa intimidad y continuidad en las teologías mesiánicas, inclusive, se revela en el uso de los nombres que le daban al mesías: p.e., en Qumrán se aludía al «retoño de David» (4Q174 *i*.11) y en la iglesia se hablaba de la «raíz de David» (Apocalipsis 5.5); y en ambos grupos se esperaba al «Hijo del Altísimo» (Lucas 1.32-33 y 4Q246 *ii*.1).[32]

La esperanza escatológica se manifiesta con fuerza en los procesos de interpretación de la Biblia Hebrea. Tanto los primeros cristianos como los moradores de Qumrán entendían que vivían en la época final de la humanidad. Esa percepción escatológica de la realidad afectaba la comprensión de las Escrituras, que interpretaban no desde el contexto histórico y social de sus autores originales, sino desde la época final y escatológica que vivían.

LA IGLESIA LEE LOS MANUSCRITOS

Para los dos grupos religiosos el mensaje de las Escrituras cobraba dimensión nueva en la interpretación que le daban a los textos antiguos. Además, pensaban que los expositores máximos de sus comunidades estaban especialmente preparados y comisionados por Dios para llevar a efecto esa interpretación final de la Biblia; p.e., el Maestro de Justicia y los apóstoles.

Un buen ejemplo de este tipo de exégesis en el Nuevo Testamento se encuentra en el libro de los Hechos de los apóstoles. Luego de la manifestación del Espíritu el día de Pentecostés, Pedro interpretó el acontecimiento desde la perspectiva teológica y escatológica del cumplimiento del mensaje del profeta Joel (véase Hechos 2.16-17 y cf. Joel 2.28). Según esa interpretación apostólica, «los postreros días» son los que vivía la comunidad judía que fue testigo de la muerte y resurrección de Jesús, y que esperaba en Jerusalén el momento adecuado para llevar a efecto su misión cristiana. El tiempo del fin era el que se vivía en aquel momento en Jerusalén.

Dos textos bíblicos que fueron utilizados por ambas comunidades para desarrollar sus doctrinas y afirmaciones escatológicas, requieren identificación y explicación: Isaías 40.3 y Habacuc 2.4b. Estos versículos proféticos son fundamentales para las teologías de los grupos esenios del desierto y también para los cristianos primitivos.

El primer pasaje escritural le permitió a ambos grupos transformar teológica e históricamente el mensaje del desierto de Isaías, para aplicarlo al ministerio de Juan el Bautista y a la forma de vida y prácticas en Qumrán (1QS *viii*.12-15). El segundo texto bíblico le dio la oportunidad de relacionar directamente el mensaje de la justicia que se vive por la fe, anunciado por el profeta Habacuc, con actos concretos de fidelidad y confianza en un personaje concreto y particular: en el Maestro de Justicia (1QpHab *viii*.1-3), para los qumramitas, y en Jesús de Nazaret, para los cristianos (Gálatas 3.11; Romanos 1.17).

El ambiente escatológico de las comunidades cristiana y qumramita se pone de manifiesto también en el dualismo de sus doctrinas. Fundamentados en las enseñanzas e interpretaciones morales de la Biblia Hebrea, tanto los manuscritos del Mar Muerto como los escritos neotestamentarios revelan una clara dicotomía ética, que se manifiesta claramente en las enseñanzas en torno a los dos espíritus en Qumrán (1QS *iii*.18-21) y en la descripción de los obras de la carne y del espíritu en la literatura paulina (Gálatas 5.19-23). El ser humano está expuesto a esas influencias a las que debe responder y administrar de forma efectiva, para llevar una vida que agrade a Dios.[33] Tanto en Qumrán como en la iglesia cristiana los creyentes debían superar esas influencias de maldad, para ser partícipes de las bendiciones que se manifiestan con las actitudes humanas de bondad y con la fidelidad a Dios.

Otros puntos de contacto entre las creencias qumramitas y la teología cristiana son las siguientes: el rechazo a la poligamia y la afirmación de la fidelidad matrimonial (1QS *iv*.20-21 y Mateo 5.27-28); la interpretación personal e íntima que brindaban al estudio de la Ley; la importancia que daban al estudio de la literatura profética; la afirmación del concepto de elección; la organización interna de la comunidad; la teología del Templo; y el rechazo a la autoridad religiosa de los sacerdotes de Jerusalén.

Los paralelos teológicos y doctrinales que se ponen de relieve al estudiar la literatura y prácticas de las dos comunidades no son necesariamente indicadores de dependencia ni mucho menos revelan que los grupos eran los mismos.[34] Estas semejanzas se pueden explicar si se toman en consideración varios asuntos de importancia. En primer lugar, ambos grupos fundamentaban teológicamente sus convicciones y prácticas en el estudio sistemático y riguroso del mismo documento básico: la Biblia Hebrea. Además, ambos grupos reaccionaron adversamente a las prácticas de los grupos políticos y religiosos establecidos en Jerusalén. También se desarrollaron en un ambiente histórico, social y político común.

Finalmente, es muy importante afirmar que como reacción a las dinámicas socio-religiosas y políticas de la época, surgieron, entre otros, dos grupos de importancia histórica, como alternativas reales a las posturas del judaísmo oficial. En primer lugar, se pueden identificar los esenios que se mudaron al desierto de Judá en la región de Qumrán, para llevar a efecto sus prácticas religiosas; y también se encuentran los seguidores de Jesús, que se diseminaron por todo el mundo antiguo para poner en evidencia su concepto de misión.

De los esenios únicamente tenemos las referencias históricas que se incluyen en documentos antiguos, y los manuscritos que se conservaron en la cuevas del Mar Muerto. Los grupos cristianos se han mantenido vivos a través de la historia. La sociología de secta impidió a los miembros de la comunidad qumramita proyectarse con vigor al fututo. La dinámica educativa y de evangelización de los cristianos incentivó y propició la tarea misionera que ha facilitado la presencia de las iglesias y los creyentes a lo largo de la historia en los lugares más diversos y remotos del mundo.

De la sociología de secta surge la aniquilación del grupo esenio; de las dinámicas de evangelización, educación y servicio se genera el potencial sociológico, los valores religiosos, las virtudes espirituales y el poder sicológico que facilita la permanencia institucional y propicia la renovación continua de las instituciones.

---

[1] Posiblemente con la excepción del papiro Nash—descubierto en Egipto y que contiene los Diez Mandamientos—antes de los hallazgos del Mar Muerto no se disponía de documentos escritos antes de la era cristiana; véase a W.F. Albright, «A Biblical Fragment from the Maccabean Age: The Nash Papyrus», *JBL* 56, 1937, pp. 145–176; «On the Date of the Scrolls from Ain Feshkha and the Nash Papyrus», *BASOR* 115, 1949, pp. 10–19. El texto bíblico más antiguo, antes del descubrimiento del manuscrito de Isaías en la primera cueva de Qumrán, es el del codex de Ben Asher, fechado alrededor del 895 d.C.

[2] Referente a los rollos del Mar Muerto y su relación con la fe cristiana puede estudiarse el libro editado por J.H. Charlesworth y W.P. Weaver, *The Dead Sea Scrolls and the Christian Faith* (Harrisburg, PA: Trinity Press International, 1998), que pondera no sólo las metodologías de investigación y de estudios comparados, sino que pone de relieve y analiza varios temas de importancia capital para el estudio sobrio y sistemático de las disciplinas; p.e., los mesianismos cristiano y qumramita.

[3] Seguimos en esta sección algunas sugerencias y varias ideas de G. Vermes, *op.cit.*, pp. 13–21.

[4] Véase particularmente el Capítulo 7 de esta obra, en la que explico la importancia de los manuscritos para la crítica textual de la Biblia Hebrea, y en el cual se exploran varias implicaciones concretas de los descubrimientos para nuestra comprensión del canon de las Escrituras de Israel.

[5] En el Capítulo 5 de este libro se analizan los manuscritos y se identifican las nuevas obras descubiertas en las cuevas cercanas al Mar Muerto.

[6] Las referencias a pueblos y personajes históricos se hace de forma simbólica; p.e., a Grecia se alude como Yavan, y a Roma como Kittim; véase a Vermes, *op.cit.*, p. 15.

[7] Schiffmann, *op.cit.*, pp. 395–409.

[8] En algunas ocasiones, los manuscritos se reutilizaban o se escribían al reverso, posiblemente para ejercicios de escritura. Conservaban la tinta en recipientes preparados para ese

propósito, de los cuales se han descubierto varios ejemplares. Las composiciones extensas se escribían en rollos, y las más cortas, en cuero, papiro, madera o barro cocido. No se ha descubierto en las cuevas ningún códice, o material escrito que esté dispuesto en forma de libro.

[9] Schiffman, *op.cit.*, pp.161-180; Vermes, *op.cit.*, p. 13.

[10] Véase el Prefacio de este libro, en el cual explico las dinámicas relacionadas con el descubrimiento, venta y publicación de los manuscritos, y parte de los esfuerzos de comprensión y explicación del material de la secta esenia del desierto.

[11] Un buen ejemplo de la academia al servicio de las controversias sensacionalistas es la obra de J. Allegro; véase, p.e., su libro *The Sacred Mushroom and the Cross*, que ha sido citado y evaluado en VanderKam, *op.cit.*, pp. 191-192.

[12] Una obra temprana que analizó de forma sobria y adecuada las relaciones entre los esenios del Mar Muerto y los primeros creyentes en Cristo es la de Millar Burrows, *The Dead Sea Scrolls* (New York: Viking Press, 1955).

[13] Uno de los primeros investigadores de los manuscritos de Qumrán, André Dupont-Sommer, al inicio de los descubrimientos y los estudios qumrámicos, exageró una serie de paralelos y similitudes del Maestro de Justicia con Jesús, el Maestro cristiano [*The Dead Sea Scrolls* (Oxford: Basil Blackwell, 1952)], que sirvieron de base a un importante artículo en la revista *New Yorker*, y un posterior libro de Edmud Wilson, que popularizaron los descubrimientos del Mar Muerto. En sus escritos, Wilson afirmó equivocadamente que el cristianismo le debe más a Qumrán que a Belén o Nazaret; «The Scrolls from the Dead Sea», *New Yorker* May 1955, pp. 45-131; *The Scrolls from the Dead Sea* (London: Collins, 1955). Vermes, *op.cit.*, pp. 159-161.

Más recientemente las investigaciones y las obras de eruditos como Robert Eisenman [*Maccabees, Zadokites, Christians and Qumran: A New Hypotesis of Qumran Origins* (Leiden: E.J. Brill, 1983)], y Barbara Thiering [*Redating the Teacher of Righteousness* (Sidney: Theological Explorations, 1979)], parecen haber subestimado, desmerecido o rechazado los resultados de los análisis de la evidencia arqueológica y de los estudios paleontológicos, para elaborar varias teorías en torno a los manuscritos y sus interpretaciones que carecen de fundamento científico, pero que ganan popularidad en los medios noticiosos no especializados en torno al tema de Qumrán, los esenios, el Nuevo Testamento y Jesús.

[14] Seguimos en esta sección de nuestro análisis el esquema temático elaborado por VanderKam, *op.cit.*, pp. 163-184.

[15] En la narración paralela de Lucas 22.10, el evangelista sintió que debía cambiar la palabra «muchos» por «ustedes» y aclaró el sentido de la expresión al aplicarla directamente a los discípulos.

[16] «Numerosos» es la traducción de García Martínez, *op.cit.*, p. 56; y «grandes» en la traducción de Jiménez F. Bonhomme, *op.cit.*, pp. 35-36.

[17] Joseph Fitzmyer, «The Qumran Scrolls and the New Testament After Forty Years», *Revue de Qumran* 13 (1988), pp. 609-620; VanderKam, *op.cit.*, p. 165.

[18] Particularmente, el erudito jesuita José O'Callaghan pensó leer en varios fragmentos griegos descubiertos en la cueva siete, referencias y porciones de textos de Marcos, Hechos, Romanos, 1 Timoteo, Santiago y 2 Pedro. La verdad es, sin embargo, que los fragmentos descubiertos son muy pequeños y mínimos para probar ningún paralelo; además, las evidencias

arqueológicas y paleográficas no apoyan esa teoría. Véase su artículo: «¿Papiros neotestamentarios en la cueva 7 de Qumrán?» *Bíblica* 53 (1972), pp. 91-100; y también su libro: *Los papiros griegos de la cueva 7 de Qumrán* (Madrid: Editorial católica, 1974).

[19] Véase la obra de Stegemann, *op.cit.*, pp. 221-227; VanderKam, *op.cit.*, pp. 168-170.

[20] Los esfuerzos por identificar al Bautista con el Maestro de Justicia han sido realmente infructuosos. En este sentido los estudios y las publicaciones de B. Thiering, *op.cit.*, no han arrojado evidencia de importancia ni han convencido a la comunidad académica ni a la eclesiástica de la relación de los dos personajes; Stegemann, *op.cit.*, p. 212.

[21] Véase el buen análisis del Bautista que se incluye en Stegemann, *op.cit.*, pp. 211-227.

[22] La relación de la comunidad qumramita con la Epístola a los Hebreos se ha explorado en varias obras de gran importancia teológica; véase, p.e., W.S. Lasor, *The Dead Sea Scrolls and the New Testament* (Grand Rapids: Eerdmans, 1972).

[23] En otros manuscritos descubiertos en la misma cueva oncena, también se alude a Melquisedek (11Q400-407), posiblemente como sumo sacerdote celestial, sin embargo, los documentos están en tal estado fragmentario que dificulta el tomar decisiones de traducción y de análisis teológico precisos; VanderKam, *op.cit.*, p. 171.

[24] Los estudios que relacionan a Jesús de Nazaret con la comunidad esenia se remontan al siglo 18, cuando Georg Wachter publicó, en el 1713, sus dos volúmenes en torno a los orígenes de la religión cristiana; de esa fecha en adelante, las publicaciones que proclaman a Jesús el esenio son numerosas; véase a Stegemann, *op.cit.*, p. 228.

[25] Seguimos aquí la traducción de García Martínez, *op.cit.*, y mantenemos los corchetes [ ] para indicar las reconstrucciones y las lecturas probables del texto.

[26] En el Evangelio de Mateo particularmente se evita utilizar la expresión Reino de Dios y se sustituye por la frase indirecta de Reino de los Cielos.

[27] En esta sección seguimos particularmente el análisis de VanderKam, *op.cit.*, pp. 171-184; y las referencias de Vermes, *op.cit.*, pp. 182-191.

[28] Respecto a esta práctica en la iglesia primitiva en la historia de la iglesia, véase entre otras obras de importancia a Justo González, *Comentario al libro de los Hechos*. Comentario Bíblico Hispanoamericano (Miami: Editorial Caribe, 1999).

[29] Josefo, *War* 2.122; Plinio el Viejo, *Natural History* 5.73.

[30] VanderKam, *op.cit.*, pp. 177-180.

[31] En torno a los estudios de la cristología neotestamentaria, véanse las obras seminales de Edward Schillebeeckx, *Jesús: la historia de un viviente* (Madrid: Ed. Cristiandad, 1981) y *Cristo, sacramento del encuentro: don de Dios* (Pamplona: Ed. Dinor, 1963).

32 Un texto descubierto en la cuarta cueva de Qumrán merece especial mención y atención destacada. El documento aludido, identificado como 4Q285, se conoce en castellano como «Destrucción de los Kittim» y en inglés como «Pierced Messiah Text». De acuerdo con algunas lecturas del texto, que en efecto está en muy mal estado físico, se indica que el mesías será asesinado, y como el texto también se relaciona con el profeta Isaías, se ha pensado en una muerte expiatoria del mesías, antes de la era cristiana. Esta forma de leer y entender el manuscrito proveería a la comunidad académica y eclesiástica de un buen ejemplo de una muerte expiatoria, antes de la crucifixión de Jesús.

En torno al texto, la verdad es, sin embargo, que la lectura más probable del pasaje indica que es el mesías quien llevará a efecto la matanza, no quién es asesinado. En torno a este tema, véase a Schiffman, *op.cit.*, pp. 341–350.

33 Sobre el dualismo en Qumrán ya hemos presentado nuestro análisis y exposición en el Capítulo 4 de este libro.

34 Vermes, *op.cit.*, pp. 184–191.

Capítulo 9

BIBLIOGRAFÍA SELECTA

*Todo auténtico hijo de Israel,
desde el adolescente hasta el de edad adulta,
se debe prestar para que sea instruido en el libro
de Hegou y para que, de acuerdo con su edad,
sea llevado a reflexionar sobre las leyes de la Alianza
a fin de que saque de sus preceptos
las debidas conclusiones.*
1QSa i.6b-8a

BIBLIOGRAFÍA SELECTA

Obras de referencia

A continuación presento una lista breve de obras de referencia que pueden contribuir significativamente al estudio y comprensión de los temas expuestos en este libro. Esta bibliografía es selecta, pues hemos sacrificado la cantidad por la calidad y efectividad de los recursos. Particularmente deseo evitar que el lector o la lectora se abrume con la identificación de tanta literatura disponible, sino que pueda iniciarse en los estudios de los manuscritos y en el análisis de la comunidad qumramita con gusto, sabiduría y seguridad.

Ediciones de los manuscritos

R.H. Eisenman and J. Robinson (eds.), *A Facsimile Edition of the Dead Sea Scrolls*, I-II. Washington, DC: Biblical Archaeology Society, 1991.

T.H. Lim et al., *The Dead Sea Scrolls Reference Library*, Vol. 1 (3 CD-Rom). Oxford: 1997.

E. Tov (ed.), *The Dead Sea Scrolls on Microfiche*. Leiden: E.J. Brill, 1992; *A Companion Volume to the Dead Sea Scrolls Microfiche Edition*. Leiden: E.J. Brill, 1995.

B.Z. Wachlder and M.G. Abegg, *A Preliminary Edition of the Unpublished Dead Sea Scrolls* I-III. Washington, DC: Biblical Archaeology Society, 1991–1995.

Bibliografías especializadas de los manuscritos publicados

F. García Martínez and D.W. Parry, *A Bibliography of the Finds in the Desert of Judah: 1970-1995*. Leiden: E.J. Brill, 1996.

B. Jongenling, *A Classified Bibliography of the Finds in the Desert of Judah: 1958–1969*. Leiden: E.J. Brill, 1971.

J.A. Fitzmyer, *The Dead Sea Scrolls: Major Publications and Tools for Study*. Altanta: Scholars Press, 1990.

S.A. Reed, *Dead Sea Scrolls Inventory Project: List of Documents, Photographs and Museum Plates.* 14 facicles. Claremont, CA: Ancient Biblical Manuscript Center, 1991-1993.

Introducciones al estudio de la secta y de los manuscritos

M. Burrows, *The Dead Sea Scrolls.* New York: Viking, 1955; *More Light on the Dead Sea Scrolls.* London: Secker and Warburg, 1958.

F.M. Cross, *The Ancient Library of Qumran and Modern Biblical Studies.* Grands Rapids: Baker Book House, 1980.

R. de Vaux, *Archaeology and the Dead Sea Scrolls.* London: Oxford University Press, 1977.

P.R. Davies, *Behind the Essenes: History and Ideology in the Dead Sea Scrolls.* Atlanta: Scholar Press, 1987.

G.R. Driver, *The Judean Scrolls.* Oxford: Basil Blackwell, 1965.

R.H. Eisenman and M.O. Wise, *The Dead Sea Scrolls Uncovered.* Rockport, MA: Element, 1992.

N. Golb, «Who Wrote the Dead Sea Scrolls?», *The Sciences*, May/June 1987, pp. 40-49.

H. Ringgren, *The Faith of Qumran.* Philadelphia: Fortress Press, 1963.

H. Stegemann, *The Library of Qumran.* Grand Rapids: Eerdmans, 1998.

H. Scanlin, *The Dead Sea Scrolls and Modern Translation of the Old Testament.* Wheaton, IL: Tyndale House, 1993.

L.H. Schiffman, *Reclaiming the Dead Sea Scrolls: Their True Meaning for Judaism and Christianity.* New York: Doubleday, 1995.

S. Talmon, *The World of Qumran from Within.* Jerusalen: Magnes Press, 1990.

J.C. Trever, *The Dead Sea Scrolls: A Personal Account.* Grand Rapids: Eerdmans, 1977.

J.C. VanderKam, *The Dead Sea Scrolls Today.* Grand Rapids: Eerdmanns, 1994.

Geza Vermes, *An Introduction to the Complete Dea Sea Scrolls.* Minneapolis, MN: Fortress, 1999.

Qumrán y el Nuevo Testamento
M. Black, *The Scrolls and the Christians Origins*. Chico, California: Scholars Press, 1983.

J. Murphy-O'Connor (ed.), *Paul and the Dead Sea Scrolls*. New York, Crossroad, 1990.

G. Vermes, *Jesus and the World of Judaism*. Philadelphia: 1984.

J.H. Charlesworth (ed.), *John and Qumran*: New York: Crossroad, 1990; *Jesus Within Judaism*. New York: Doubleday, 1992.

Traducciones de los manuscritos al castellano
M. García Martínez, *Textos de Qumrán*. Madrid: Editorial Trota, 1992.

M. Jiménez F. Bonhomme, *Los documentos de Qumrán*. Madrid: Cristiandad, 1976.

Catálogo, nomenclatura e identificación de los manuscritos publicados
G. Vermes, *An Introduction to the Complete Dead Sea Scrolls*. Minneapolis: Fortress, 1999, pp. 192–216.

www.ingramcontent.com/pod-product-compliance
Lightning Source LLC
Chambersburg PA
CBHW010045090426
42735CB00018B/3388